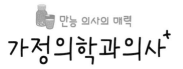

만능 의사의 매력

가정의학과의사⁺

...Family Medicine...

청소년들의 진로와 직업 탐색을 위한 **잡프러포즈 시리즈 30**

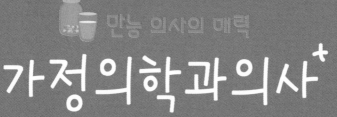

만능 의사의 매력

가정의학과의사

명승권 지음

미래의 의사는 환자에게 약을 주기보다
환자가 자신의 체질과 음식, 질병의 원인과 예방에
관심을 갖도록 할 것이다.

– 토마스 A. 에디슨, Thomas A. Edison –

출생과 죽음은 피할 수 없으므로

그 사이를 즐겨라.

- 조지 산타야나, George Santayana -

C·O·N·T·E·N·T·S

C · O · N · T · E · N · T · S

가정의학과의사 명승권의
프러포즈

Propose!

안녕하세요? 가정의학과 전문의 명승권이에요. 가정의학과는 총 26개의 전문과 중 23번째로 인정된 과로 전문의가 배출된 지는 30년이 넘었죠. 하지만 내과나 외과, 피부과, 성형외과 전문의 등에 비해 가정의학과 전문의를 여전히 낯설게 생각하는 분들이 많아 보여요. 그런 만큼 저희가 어떤 역할을 하는지 이 책을 통해 소개할 수 있어 정말 기뻐요. 가정의학과는 가족 내 남녀노소를 막론하고 건강상에 문제가 발생했을 때 맨 처음 방문하는 과예요. 1차 진료에서 흔히 발생하는 대부분의 질병과 건강상의 문제를 해결할 수 있는 주치의가 바로 가정의학과 전문의죠. 가정의학과 전문의는 네 가지 핵심적인 기능을 담당하고 있어요. 주치의로서 건강 문제가 발생했을 때 환자들이 최초로 접촉하는 의사이자, 환자들의 건강을 꾸준히 관리해주는 지속적인 건강 지킴이 역할을 하죠. 또한 한 가지 병이 아니라 여러 가지 질병을 포괄적으로 다루며, 다른 전문의나 상급병원의 진료가 필요한 경우 조정하는 역할도 하고 있어요.

의사에도 여러 종류가 있다는 건 여러분도 잘 알 거예요. 청소년 여러분에게 그 어떤 의사도 아닌 가정의학과 전문의를 프러포즈하는 이유는 무엇일까요? 여러 이유가 있겠지만 가장 중요한 세 가지만 얘기해볼까 해요.

첫째, 앞서 언급했듯이 가정의학과 전문의는 지역사회에서 흔히 발생하는 대부분의 질병과 건강상의 문제를 해결할 수 있는 만능 의사라고 볼 수 있어요. 물론 특정 질병에 대한 지식의 양이나 깊이에서는 다른 전문의들과 차이가 있을 수 있어요. 하지만 1차 진료에서 볼 수 있는 거의 모든 질병을 다룰 수 있기에 만능 의사라는 말이 정말 잘 어울리죠. 내원하는 대부분의 환자를 치료해줄 수 있기 때문에 환자도 만족스럽고, 가정의학과 전문의 본인도 보람과 자부심을 느낄 수 있는 매력적인 직업이에요.

둘째, 증상이 생겼는데 무슨 병인지도 모르겠고, 어느 과에 가야 할지도 모르겠다면 어떻게 해야 할까요? 그때 도움을 주는 의사가 바로 가정의학과 전문의예요. 대부분의 각 과 전문의들은 레지던트 수련 기간 동안 자신이 선택한 전문분야의 질병에 대해서만 공부하고 경험해요. 반면 가정의학과 레지던트는 내과, 외과, 소아청소년과, 정신건강의학과, 산부인과, 정형외과 등은 물론 경우에 따라 짧은 기간이지만 피부과와 비뇨의학과, 안과 등 여러 전문과의 진료를 경험하고 교육을 받기 때문에 다양한 질병에 대해 알게 되죠. 덕분에 대부분의 질병을 치료할 수 있고, 일부 해당 전문의의 진료가 필요한 경우에는 어느 과로 가야 할지 방향을 지시해주는 신호등의 역할을 할 수 있어요.

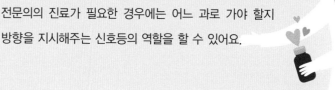

셋째, 가정의학과 전문의들은 대개 동네에서 개원을 하거나 다른 의원이나 병원에 취직해 환자들을 진료하고 있는데요. 아픈 분들이 치료되는 모습을 통해 큰 보람을 느낄 수 있으며, 경제적으로도 안정적인 생활을 유지할 수 있어요. 환자를 직접 보는 임상의사가 아니더라도 의대 교수로 일하며 후학을 양성하거나 연구를 통해 의학의 발전에 큰 기여를 할 수도 있죠. 저는 국립암센터 국제암대학원대학교 교수로서 석사 및 박사 학생들에게 메타분석이라는 연구 방법을 가르치고 있으며, 연구를 통해 종양학 분야의 발전에 기여하고 있어요. 더불어 가정의학과 외래에서 환자를 진료하고, 암예방검진센터에서 검진 상담을 하며 국민들의 건강을 위한 올바른 생활습관을 만드는 데 도움을 주고 있죠. 더 나아가 방송매체를 통해 잘못된 건강 상식을 바로 잡고, 근거중심의학에 기반한 올바른 의학 상식을 전달하고 있어요. 저는 이러한 일들이 제 인생을 가치 있게 만들어 준다고 믿으며, 이를 통해 보람과 자부심을 느끼고 있어요.

1차 진료 영역에서 정확한 진단을 통해 아픈 사람들을 치료해주고, 올바른 생활습관을 알려줌으로써 질병이 발생하지 않도록 예방해주고, 후학을 양성하며 보람을 느끼고, 연구를 통해 새로운 의학 지식을 창출하는데 기여하는 가정의학과 전문의, 이런 역할을 통해 가치 있는 삶을 살아보고 싶은 분들에게 이 직업을 프러포즈해요.

첫인사

토크쇼 편집자 — 편

가정의학과의사 명승권 — 명

편 먼저 자기소개를 부탁드려요.

명 안녕하세요. 국립암센터에서 근무하고 있는 가정의학과 전문의이자 국제암대학원대학교 교수 명승권이라고 해요.

편 이 일을 하신지는 얼마나 되셨나요?

명 제가 의사 자격증을 취득한 게 1995년 2월이니까 24년 하고도 2개월 정도 되었네요.

편 의사라는 직업, 그중에서도 가정의학과의사를 선택한 특별한 이유가 있나요?

명 사실 제가 의대에 들어갈 당시엔 어떤 과에 가고 싶다고 미리 정해놓은 건 아니었어요. 각 과의 특성에 대해 잘 알지 못했거든요. 나중에 보니 어떤 과에 가고 싶다고 해서 그 과에 갈 수 있는 것도 아니더라고요. 인기 있는 과는 성적이 좋아야 갈 수 있으니까요. 지금도 그렇지만 당시에도 피부과나 성형외과, 안과와 같이 일반적으로 돈을 많이 버는 과가 인기 있는 과였는데요. 저는 성적이 좋질 않아 그런 과는 꿈도 꾸질 못했어요. 나머지 과중에서 가장 원했던 것은 외과와 가정의학과였어요. 외과는 수술이 많아 힘들고 어려운 과지만 저에겐 오히려 그런 면이 매력으로 다가왔죠. 수술이란 게 내과 치료와 달리 눈에 보이는 확실한 효과가 나타나는 면이 있는데, 그런 점도 마음에 들었고요. 수술 자체가 저에겐 굉장히 흥미로운 세계였죠. 그런데 1995년에 외과 인턴을 해보니 과의 특성상 힘든 나날을 보낼 것 같아 외과의 꿈을 포기하고 가정의학과를 선택하게 되었죠. 가정의학과 역시 외과 못지않게 흥미로웠기에 관심을 가지고 있었거든요. 가정의학과에서는 전문 과목 하나만 보는 것이 아니라 남녀노소 누구에게나 발생 가능한 다양한 병을 진단하고 치료해요. 우리 가정에서 흔히 발생하는 질병을 예방하거나 조기에 발견하고 관리하며 건강을 유지하도록 도울 수 있다는 것이 좋았어요. 또한 가정의학과는 기본적으로 개업을 목표로 하는 과인데 저 역시 개업을 할 생각이었으니 그 점 또한 저와 잘 맞았죠.

편 이 직업을 프러포즈하는 이유는 뭔가요?

명 의사라는 직업은 보람 있는 직업이에요. 대부분의 의사는 환자의 병을 치료하고 질환으로 고통받는 사람을 도움으로써 만족감과 보람을 얻는다고 생각해요. 저 역시 아픈 환자들이 제 의술을 통해 건강을 찾아가는 모습에서 기쁨과 보람

을 느끼죠. 완치한 환자의 입장에서 의사는 고마운 사람이 되겠고요. 많은 사람들이 자신에게 그런 마음을 갖는다는 것, 매우 의미 있는 일 아닌가요?

저 같은 경우 메타분석^{같은 주제에 대해서 시행된 개별 연구를 모두 종합하}

^는 ^{통계분석방법}을 통해 검증된 새로운 의학 지식을 환자들에게 적용하고 있어요. 예를 들어 이상지질혈증은 혈액 안에 들어있는 나쁜 콜레스테롤이나 중성지방 수치가 높은 상태로 조절이 되지 않는 경우 동맥경화증이 진행되어 수년 후에는 협심증 및 심근경색과 같은 관상동맥질환이나 뇌졸중을 유발하게 되죠. 이상지질혈증의 가장 중요한 원인은 흡연이나 음주, 비만, 운동 부족 등 잘못된 생활습관이에요. 원칙적으로 3개월에서 6개월 정도 생활습관을 개선하면 대부분 혈중 중성지방이나 콜레스테롤 수치가 정상으로 돌아오는데, 그렇지 않은 경우에는 약물요법을 사용하게 되죠. 그런데, 앞서 언급한 특별한 생활습관 요인이 없음에도 불구하고 콜레스테롤 수치가 높은 사람들이 꽤 많은데요. 이 경우 커피를 많이 마시는 사람인 경우가 종종 있어요. 현재 이상지질혈증 치료 가이드라인에는 커피에 대한 내용이 나와 있질 않아 의학 데이터베이스에서 검색을 해보았는데, 커피 섭취를 많이 하는 경우 콜레스테롤 수치가 높아진다는 메타분석 논문을 몇 편 발견하게 되었죠. 커피에 들어 있는 1,000여 종의 성분 중 카페스톨이라는 성분이 담즙산 생성을 억제해 원료가 되는 콜레스테롤이 남아돌아 혈액 내 수치를 올리기 때문이라고 해요. 그래

서 저는 이상지질혈증 환자를 볼 때 항상 커피 섭취량을 물어보고, 하루에 두세 잔 이상 마시는 경우에는 한 잔으로 줄이거나 끊을 것을 치료방침으로 제시해요. 그 결과 대부분의 환자들이 콜레스테롤 수치가 정상으로 돌아오는 경험을 하고 있어요. 아직 정식 치료 가이드라인에는 들어가 있지 않지만 최신의 메타분석 논문 결과를 환자들에게 적용해 좋은 효과를 거두고 있는 것이죠. 이렇게 근거중심의학에 기반해 진료하는 것을 근거중심진료라고 하는데요. 근거중심진료를 통해 환자들의 삶의 질을 개선하는데 일조할 수 있는 것이 저에겐 큰 보람이에요.

연구 결과를 제 환자뿐만 아니라 더 많은 사람들에게 알리고자 방송에도 종종 출연하고 있어요. 제가 전달한 건강 상식을 통해 많은 국민들이 올바른 생활습관을 유지함으로써 결국엔 그들의 삶을 변화시킬 수 있다고 생각하거든요. 최근에는 유튜브에 1인 미디어 채널 〈명승권 TV〉를 개설해 국민들에게 근거중심의학에 기반한 올바른 의학 및 건강 상식을 전달하기 위해 노력하고 있죠. 아울러 국제학술지에 수준 높은 논문을 발표하면서 의학 발전에 기여하고 있어 자부심을 느끼고 있고요. 사람들의 더 나은 삶을 위해 연구하고 치료하

며 보람과 자부심을 느낄 수 있는 이 일, 이 멋진 직업을 여러
분에게 프러포즈해요.

가정의학과의사의
세계

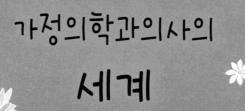

Family medicine

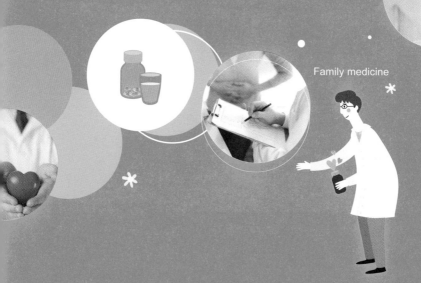

편 하루 일과가 궁금해요.

명 저는 늦게 자건 술을 마시건 거의 아침 5시 반이면 기상해요. 제가 서울 강북 지역인 길음동에 사는데 국립암센터까지 가려면 서울대병원에서 6시 40분에 출발하는 셔틀버스를 타야 하거든요. 5시에는 일어나야 씻고 그 시간까지 서울대병원에 갈 수 있죠. 8시가 출근시간인데 셔틀버스를 타면 7시 40

〈유튜브 스타〉 공동 진행자 게임캐스터 전용준, 배우 김정민, 특별출연한 가수 겸 방송인 최욱과 함께

분쯤 병원에 도착해요. 하루를 매우 일찍 시작하죠? 보통 의사들의 삶이 그래요. 이보다 더 일찍 출근하는 의사들도 많고요. 학생이었을 때도 그랬고, 인턴이나 레지던트 기간에는 더 일찍 일어났죠. 병원에 도착해서는 보통 오후 5시까지 진료를 하고, 진료가 없는 날에는 주로 논문을 써요. 강의 자료나 칼럼을 쓰기도 하고, 대학원 수업이 있으면 강의도 하고요. 일주일에 두세 번은 저녁에 외부 일정이 있는데, 주로 학회 관련 모임이죠. 학회나 저녁 약속이 없으면 집에 일찍 들어가서 논문을 쓰거나 가끔 골프 연습을 해요. 요즘은 유튜브 영상을 제작하는 데 시간을 많이 쓰고 있죠.

[편] 일하는 곳은 어디인가요?

[명] 가정의학과 의사는 대개 개인 의원을 운영하는 원장인 경우 개인 의원에서, 취직해 일하는 봉직의의 경우 개인 의원이나 병원에서 진료를 하고 있어요. 소수는 의과대학의 가정의학과 교수로서 소속 대학생 및 대학원생을 가르치는 동시에 부속병원에서 환자들을 진료하고 있고요. 일부는 보건복지부나 질병관리본부와 같은 정부기관, 보건소 등에서 일하기도 하죠. 저는 현재 국립암센터에서 일하고 있어요. 국립암센터는 기타 공공기관으로 암 연구를 담당하는 연구소, 암 환자를 전문으로 진료하는 부속병원, 암관리사업을 담당하는 국가암관리사업본부, 그리고 암 전문가를 양성하는 국제암대학원대학교 등의 부속 조직으로 이루어져 있어요.

[편] 국립암센터에서는 어떤 일을 하고 있나요?

[명] 저는 국립암센터 국제암대학원대학교 암의생명과학과 전임교수로 이곳에서 학생들을 가르치고 연구를 수행하고 있어요. '대학원대학교'라는 용어가 다소 생소할 것 같은데요. 보

'체계적 문헌고찰과 메타분석 원론' 수업 시간에 대학원 학생들과

통 대학교라고 하면 4년 과정의 학사 학위를 위한 학부 과정
과 2년 내외의 석사 및 박사 학위를 위한 대학원 과정이 있잖
아요. 대학원대학교는 학부 과정이 없고 대학원 과정만 있는
대학교를 말하죠. 제가 재직해 있는 국제암대학원대학교는
2014년에 개교하였으며, 2019년 11월 현재 연간 석사과정 20
명, 박사과정 7명의 정원으로 운영되고 있어요. 모든 강의는
영어로만 진행되며, 우리나라 학생들이 절반 정도 되고, 아

시아 및 아프리카에서 온 학생들이 나머지 반 정도를 차지하고 있죠. 제가 가르치는 주요 과목은 저의 전문분야인 〈체계적 고찰과 메타분석〉, 〈임상종양학〉인데요. 이 강의를 통해 여러 명의 학생들이 제 지도를 받고 석사학위 논문을 썼으며, SCI급 국제학술지에 논문을 발표했죠. 더불어 국립암센터 부속병원의 가정의학과 외래에서는 고혈압과 당뇨, 이상지질혈증, 금연, 비만, 기능성 위장장애 등 다양한 1차 질환을 대상으로 진료를 하고 있어요. 암예방검진센터에서는 수진자를 대상으로 결과 상담을 하거나 진료를 하면서 센터장의 임무도 맡고 있고요. 국립암센터 연구소에서는 암역학예방연구부에 소속되어 연구원 및 교수로서 연구를 수행하고 있어요.

시간이 날 때는 어떤 일을 하나요?

편 시간이 날 때는 어떤 일을 하나요?

명 주말에는 거의 집에 있는 편이에요. 주중에 늦게 들어가는 날이 많아서 주말엔 가능하면 집에서 가족들과 시간을 보내고 있어요. 고등학교 2학년 아들과 초등학교 5학년 아들이 있는데, 큰 아이는 주말에 학원에 가기 때문에 데려다주는 일도 제 몫이죠.

요즘 시간이 생길 때마다 가장 많이 하는 건 어학공부예요. 전에는 텝스TEPS 시험 준비용 기본서를 여러 번 봤는데, 최근에는 주로 유튜브 영어 학습 채널을 이용해 공부를 하고 있죠. 원어민들의 빠른 영어 발음에 익숙해질 수 있도록 길지 않은 문장을 여러 번 반복해서 설명해주는 채널이 있는데, 상당히 유익해서 자주 보고 있어요. 미국 드라마를 무자막, 영어 자막, 한글 자막 순으로 반복해서 편집한 영상을 올려주는 채널 역시 자주 이용하고요. 이런 영어 공부는 예전부터 해왔고, 작년부터는 중국어와 베트남어 공부도 하고 있어요. 제가 강의하는 곳이 국제암대학원이라 영어로 수업을 하는데, 베트남 학생들이 많아 관심을 가지게 되었죠.

대학원 학생들과 정발산 공원에서 야유회

그리고 건강을 위해 보디빌딩을 하며 근육을 단련하거나 골프 연습을 하기도 해요. 군의관일 때 처음 골프를 배웠고 당시엔 종종 필드에 나갔는데, 요즘엔 바쁘기도 하고 주말에는 아이들을 보느라 자주 못 나가고 연습만 하고 있어요.

서울대학교 역도부 피트니스센터에서 재학생들과 함께 운동

가끔은 고등학교 동창들과 골프 시합

🔲 요즘 주요한 관심사는 무엇인가요?

🔲 최근 들어 세계사에 관심이 많아졌어요. 그동안에는 소설이나 경제학 서적을 많이 읽었는데, 요즘엔 세계 역사를 다룬 책을 주로 읽죠. 요 며칠은 미야자키 마사카츠의 『하룻밤에 읽는 세계사』라는 책을 읽고 있어요. 약 400만 년 전 인류의 기원부터 21세기까지 엄청난 분량의 세계 역사가 깨알 같은 글씨로 요약되어 있어서 실제 제목처럼 하룻밤에 읽는 건 불가능하죠. 책을 보다 궁금한 것이 있으면 인터넷을 통해 배경 등을 찾아보며 읽다 보니 오래 걸리기도 하고요. 저에게는 '수개월에 걸쳐' 읽는 세계사가 돼버렸네요. 정말 유익한 책이라 여러분에게도 추천하고 싶어요.

편) 매력은 무엇인가요?

명) 의사라는 직업의 가장 큰 매력은 일을 통해 보람을 얻을 수 있다는 것이에요. 환자의 병을 치료함으로써 그들을 도울 수 있고 거기서 만족감과 기쁨, 보람을 얻게 되죠. 가정의학과의사의 경우 다양한 질병을 종합적으로 다루는 한편 발생 가능한 질병을 예방하거나 조기 발견하는데 아주 중요한 역할을 하고 있어요. 더 큰 병으로 발전하기 전에 치료하여 환자는 물론 사회적으로도 불필요한 에너지와 비용을 줄이는데 일조하고 있죠. 이와 같이 효과적인 의료 제공자 역할을 하고 있다는 점도 보람과 자부심을 느끼게 하는 요소고요. 특히, 저는 가정의학과 전문의인 동시에 메타분석의 전문가라 이 연구 방법을 이용해 다양한 질병과 치료방법을 주제로 연구를 수행할 수 있어 더욱 매력을 느끼고 있어요.

단점도 있나요?

편 단점도 있나요?

명 어떤 직업을 가졌든 일을 하다 보면 간혹 실수가 발생하기도 하죠. 의사 역시 환자를 볼 때 아무리 신중을 기해 진료를 한다 하더라도 오진을 하거나 실수를 하기도 해요. 매우 드문 경우지만 그런 일이 일어나게 되면 환자에게 치명적인 상황이 초래될 수 있는데요. 나의 실수로 인해 환자가 잘못되는 경우 심한 죄책감이 들 수밖에 없고, 이런 상황은 누구에게나 닥칠 수 있으니 늘 부담을 가져야 한다는 것이 단점이라고 생각해요. 그래도 저는 가정의학과의사라 수술을 하는 외과의사나 입원환자도 보는 내과의사 등 다른 과 의사들에 비해 그런 부담을 많이 느끼지는 않아요. 물론 가정의학과의사 중에도 입원환자를 보는 분들이 있는데, 저는 현재 입원환자를 보지 않고 주로 외래 환자와 암예방검진센터를 방문한 수진자를 진료하기 때문에 부담이 적은 편이죠.

기억에 남는 사건이나 환자가 있나요?

⊞ 기억에 남는 사건이나 환자가 있나요?

⊞ 1997년 봄, 레지던트 2년 차 때 인천의료원 외과로 파견 근무를 나갔을 때였어요. 1년 차 때부터 서서히 우울증이 찾아와 1년 차 말이 되면서는 병원 근무를 할 수 없을 만큼 심해져 약물치료를 받았고, 3개월여 만에 회복이 되어 다시 복귀를 했죠. 약물치료 결과가 좋아 다행히 우울 증상은 사라졌는데, 경조증 상태로 넘어가 이에 대한 치료를 받고 있었어요. 경조증이 오면 자기주장이 강해지고 기분은 들떠서 감정이 조절되지 않는 경우가 있어요. 그런 증상 때문에 다른 사람과 다투게 되는 일도 종종 있고요.

어느 날 복부 자해로 수술을 받은 환자의 실밥을 제거하러 병실에 들어갔어요. 머리를 바짝 깎은 남자 환자였는데, 고등학생처럼 어려 보이는 데다 친근감이 들어 말을 살짝 놓으며 이야기를 시작했죠. 그런데 그 환자가 화가 났는지 갑자기 벌떡 일어나 욕을 하며 이단옆차기를 하는 거예요. 어렸을 때 태권도를 배워서 날쎄게 피해 맞지는 않았지만 굉장히 놀랐죠. 상대가 아무리 어려 보여도 처음 본 환자에게 말을 놓진 말았어야 했는데 실수를 한 것이죠. 서둘러 자리를 피해 당직실로 들어왔다가 저녁에 다시 병동으로 갔어요. 덩치 큰 중년 남성이 수간호사와 이야기를 하고 있다가 저를 보더니 "네가 그 버릇없는 의사냐"며 달려들기에 다시 한번 그 자리를 피했던 일이 있었죠. 이 일은 폭행을 당할 뻔한 아찔한 순간으로 끝났지만, 실제로 응급실에서 근무하던 중 조직폭력배를 만나 폭언과 협박을 당한 적도 있었어요. 제가 직접 겪은 일은 아니지만 얼마 전에는 양극성장애^{우울증과 경조증이 반복되는 정신질환} 환자가 대학병원 정신건강의학과 외래 진료 중 담당 주치의를 살해한 무시무시한 사건도 있었죠. 이런 이야기를 하면 무서워서 의사 못하겠다고 생각할 수도 있겠지만 그리 흔한 일은 아니니 너무 걱정할 필요는 없어요.

주로 어떤 환자를 보나요?

편 가정의학과의사는 주로 어떤 환자를 보나요?

명 가정의학과는 남녀노소를 불문하고 가족과 지역사회에서 흔하게 발생하는 1차 질병을 대상으로 의료를 제공하고 있어요. 예를 들면 감기나 위장장애, 두통, 고혈압, 당뇨, 이상지질혈증, 비만, 흡연, 간 기능 이상과 같은 질환을 주로 진료하죠. 한 가지 얘기하고 싶은 것이 있는데요. 다른 과 의사들과 달리 가정의학과의사들은 질병 치료 방법으로 약물보다는 생활습관 개선을 강조하고 있어요. 일부 의사들이 고혈압, 당뇨, 이상지질혈증 등 생활습관병을 치료할 때 약물치료를 먼저 시작하지만, 저를 포함한 많은 가정의학과의사들은 약물치료에 앞서 3~6개월간 생활습관 개선을 교육하고 있죠. 생활습관병은 말 그대로 흡연이나 음주, 비만, 운동 부족 등 생활습관 때문에 생기는 경우가 대부분이라 약물치료를 하지 않더라도 충분히 치료가 가능하거든요. 3~6개월 정도 생활습관 개선을 시도했는데도 불구하고 수치가 나아지지 않는다면 약물치료를 시행하게 되고, 그런 경우 대개 환자는 그 약을 평생 먹게 돼요. 물론 약을 복용하면서 생활습관이 개선된다면 복용량을 줄이거나 중단을 시도할 수가 있고요.

정확하고 올바른 정보에 접근하려면
어떻게 해야 하나요?

편 의학정보가 넘치는 시대에 살다 보니 제대로 검토하지 않고 실은 기사나 오류로 보이는 기사를 접하기도 하는데요. 정확하고 올바른 정보에 접근하려면 어떻게 해야 하나요?

명 실제로 진료를 하다 보면 TV나 신문 그리고 인터넷을 통해 알게 된 잘못된 정보에 대해 얘기하는 환자가 정말 많아요. 2011년 12월, TV 종합편성채널이 개국하면서 시청률을 높일 목적으로 나이 드신 분들을 주요 대상으로 한 건강 관련 프로그램이 우후죽순 생겨났는데요. 그 결과 이런 프로그램에 출연한 일부 의사와 한의사들이 임상적 근거가 입증되지 않은 각종 치료법이나 건강기능식품을 무분별하게 과장해 홍보하는 현상이 나타나게 되었죠. TV에 나온 의사나 한의사들이 건강을 위해 이것을 먹으면 된다고 하면 시청자들은 솔깃할 수밖에 없어요. 그렇지만 대부분의 경우 사람을 대상으로 한 임상적 근거가 없는 가짜 의학 지식이라 큰 문제가 아닐 수 없죠. 그럼 이런 상황을 어떻게 해결할 수 있을까요? 일반 국민들이 이런 문제를 해결하기는 어려워요. 우리 의사들이 올바른 의학정보를 전달하기 위해 애쓰고, 언론에 종사하는 사람들이 투철한 직업의식을 갖고 정확한 정보를 내보내려는 노력을 기울여야 상황이 개선되겠죠. 그런데 이게 쉽지가 않아요. 모든 사람이 자신의 이익보다 사회적 책임이나 공공성을 우선시하는 건 아니니까요.

사회적으로도 문제가 되다 보니 2015년, 대한의사협회에서는 이런 의사들을 '쇼닥터'라 칭해 규제하기로 하였고, 의사 방송 출연 가이드라인을 제정하기도 했어요. 하지만 가이드라인이 만들어진 지 몇 년이 지났어도 여전히 쇼닥터들은 TV에 출연해 근거 없는 의학 지식을 전달하고 있죠. 그래서 최근 대한의사협회 산하 국민건강보호위원회 아래 건강정보분과위원회에서는 건강 프로그램 평가도구를 만들게 되었어요. 제가 분과위원 부위원장으로 참여했죠. 저희는 이 도구를 이용해 TV, 신문 및 도서를 통해 제공되는 건강 정보 프로그램을 주기적으로 평가해 국민들에게 공개할 계획이에요. 제가 TV 건강 프로그램 평가도구의 초안을 만들었고, 1년에 걸친 위원들과의 토론을 통해 최종 평가항목을 개발했죠. 총 여섯 개 항목을 평가하는 것인데요. 구체적으로 얘기하자면, 건강 정보에 대한 출처가 확실한지, 최신 의학을 근거로 작성되었

2015년, 국회의원회관에서 실시된 흡연율 감소 정책과 담배 소송의 쟁점 토론회

는지, 오류 과정이 없는지, 도움이 되는지, 이해할 수 있게 설명했는지, 그리고 이해관계까지 여섯 개 부분에 대한 점수를 매기는 것이죠. 신문과 도서 역시 비슷한 항목으로 평가도구를 개발했고요. 이러한 도구를 개발했으니 건강 정보 프로그램에서 이슈가 된 내용이 있으면, 대한의사협회 주관으로 그 내용을 평가하고 발표해 시청자들에게 올바른 정보를 전달하는 것이 제 바람이에요. 그런 평가가 따른다면 방송사에서는 어느 정도 자정 노력을 기울이지 않겠어요? 제대로 된 정보를 만들기 위해 더 노력할 테고요.

언론사도 마찬가지예요. 어떤 특정 물질이 어떤 질병에 효과가 있다는 기사를 내보낼 때 그 근거가 실험실 연구나 동물실험 수준이라면 그 제한점을 반드시 명시하는 것이 필요하죠. 임상시험을 통해 입증된 것이 아니라면 실제 사람에게도 효과가 있는지는 알 수 없기 때문이에요. 예를 들어 10년 전에 몇몇 신문에서 '개똥쑥, 항암효과 1,200배!'라는 기사를 낸 적이 있어요. 어떤 암 환자가 수술과 항암치료를 받다가 부작용이 생기니까 자의로 치료를 중단했어요. 그러다 이 기사를 보곤 개똥쑥을 구해다 달여 먹었죠. 그런데 한 달 후에 검사를 해보니 암의 크기가 줄어들었대요. 그럼 이게 개똥쑥 덕분일까요? 중간에 그만두긴 했지만 그동안 병원에서 받았던 항암요법과 방사선치료가 그제야 효과를 나타낸 것이지 개똥쑥 덕은 아니란 말이죠. 그런데도 TV에서는 계속해서 개똥쑥 찬양을 하고 있어요. 사실 이 기사에 나왔던 연구 방법은 개똥쑥에 들어 있는 아르테미시닌Artemisinin 이라는 특정 물질을 백혈병 세포에 투여했더니 기존 항암제와 부작용이 비슷한 수준에서 1,200배 높은 항암효과를 보였다는 내용이었어요. 모르는 사람이 들으면 굉장한 효과가 있다고 생각할지 모르겠지만 사실 이 연구 방법은 가장 낮은 단계의 수준인 실험실 연구예요. 실험실 연구를 통해 치료 효과가 관찰되면, 그 다음에는 쥐 등을 대상으로 한 동물실험이 필요하죠. 동물실험 결과 효과가 있다고 해서 곧바로 환자를 대상으로 한 치료에 사용될 수도 없어요. 동물에서 효과가 있다 하더라도 사람에서는 효과가 없는 경우가 상당히 많으며, 심각한 부작용도 나타날 수 있으니까요.

환자 치료에 사용하기 위해서는 사람을 대상으로 한 '임상시험'이 선행되어야 해요. 임상시험도 1상, 2상, 3상 등 단계가 있어 1상 시험에서는 수십 명의 정상인을 대상으로 약물의 안전역이나 적정 농도를 확인하고, 2상 시험에서 본격적으로 수백 명의 환자를 대상으로 그 효능과 안전성을 확인하게 되죠. 그리고 많은 경우 수천 명을 대상으로 한 3상 시험까지 시행하고 있고요. 이러한 임상시험을 통해 효능이 확실하고 부작용이 심각하지 않다는 결과를 얻어야 최종적으로 식품의약품안전처에서 허가가 나고, 그때야 비로소 환자에게 약을 처방할 수 있게 되는 것이죠. 이렇듯 신약후보물질이 5,000~10,000개 정도 있다면, 이중 가능성이 높은 250개만 실험실 연구와 동물실험을 진행하게 되고, 여기에서 가능성이 있는 물질 10개 정도가 사람을 대상으로 한 임상시험에 들어가요. 이후 2~3단계의 임상시험을 통해 최종적으로 한 개 정도만이 식품의약품안전처로부터 신약 허가를 받게 되는데, 여기까지 오는데 약 15년 정도가 걸려요. 앞서 얘기한 개똥쑥의 효능은 가장 낮은 실험실 연구 결과이기 때문에 사람에게 적용하기 위해서는 동물실험과 임상시험을 거쳐야 하죠. 그런 사실은 쏙 빼고 오해의 소지가 있도록 선정적으로 기사를 써서는 안 된다고 생각해요. 독자들이 오해하거나 확대해석하지 않도록 개똥쑥의 특정 성분이 항암제로서의 가능성은 있지만 아직은 연구 초기 단계라 사람을 대상으로 한 임상시험이 필요하다는 제한점을 덧붙일 필요가 있어요. 건강을 주제로 기사를 쓰는 기자들은 독자들에게 정확한 내용을 전달하기 위해 연구 방법의 종류와 근거 수준에 대해 이해해야 하며, 이를 위해 대한의사협회 등의 주관으로 건강 및 의학 기사 작성 시 필요한 지침에 대한 교육이 선행되어야 한다고 생각해요.

더 알고 싶어요!

박사님, 쇼닥터가 뭐예요?

쇼닥터란 방송을 뜻하는 쇼^{Show}와 의사^{Doctor}의 합성어로 방송매체에 출연해 의학적으로 인정되지 않은 시술을 홍보하거나 건강기능식품 등을 추천하는 등 간접, 과장, 허위 광고를 일삼는 일부 의사를 말해요. 요즘 종합편성채널을 보다 보면 방송을 효과적인 마케팅 수단으로 악용하는 쇼닥터의 수가 적지 않은데요. 그들의 주장은 하나같이 사람들의 귀를 솔깃하게 만드는 내용이에요. 마치 만병통치약 같아 대중들은 열광하게 되죠. 시청률을 생각하는 방송사들은 사람들의 관심이 끊이지 않는 이런 프로그램을 선호해 계속해서 제작하고요. 이런 악순환이 계속되고 잘못된 정보들이 흘러넘치면 크든 작든 그 피해는 고스란히 우리 국민들의 몫으로 돌아가요. 결국 대한의사협회는 쇼닥터의 부작용이 심각해지자 대응 방안 및 의사의 방송 출연 가이드라인을 배포하는 등 방지책을 마련했어요. 가이드라인의 내용을 보면, "의사는 의학적 지식을 정확하고 객관적으로 전달한다. 의사는 시청자들을 현혹시키지 않도록 신중해야 한다. 의사는 방송매체를 의료인, 의료기관 또는 식품, 건강기능식품에 대한 광고 수단으로 악용하지 않는다. 의사는 방송 출연의 대가로 금품 등 경제적 이익을 주고받아서는 안 된다. 의사는 의료인으로서의 품위를 손상하는 행위를 해서는 안 된다." 이상 다섯 가지예요.

가장 힘든 환자는 어떤 사람인가요?

편 선생님에게 가장 힘든 환자는 어떤 사람인가요?

명 충분히 설명을 했는데도 계속해서 질문을 해 많은 시간을 할애해야 하는 분들을 만나면 좀 힘들죠. 가정의학과 외래에서는 덜한데 검진을 받은 수진자의 경우 검사 항목이 많다 보니 처음부터 꼼꼼히 검사 결과를 자세히 설명하는데도 상당히 집요하게 이런저런 질문을 하는 바람에 한 시간 가까이 상담을 하는 일이 있어요. 물론 의학적 내용이 쉽지 않아 다시 설명해야 하는 경우라면 저도 이해를 합니다만, 그것과는 상관없이 지나치게 꼼꼼해 진료시간이 한없이 길어지게 되면 저도 힘들지만, 다음 대기 환자에게도 스트레스를 줄 수밖에 없죠. 그런 경우 중간에 말을 끊으면 끊는다고 화를 내는 분들도 많고요. 그래도 검진 상담을 16년 이상 하다 보니 요령이 생겨 요즘에는 한 수진자를 대상으로 30분 이상 상담하는 경우는 거의 없어요. 상담 마지막에 더 궁금한 내용이 없는지 물어보기 때문에 예전과 달리 설명이 불충분하다는 불만은 많이 줄은 것 같아요.

건강기능식품을 예찬하는 환자에게 임상적 근거가 없다

고 알려주면 TV에 나오는 어떤 의사가 한 애기와 제 애기가 다르다고 따지는 분들이 있어요. 그런 식으로 다른 의사들에 대해 애기하는 분들도 상대하기 힘든 환자죠. 그 경우에는 정말 저도 모르게 언성이 높아지기도 해요. 물론 환자들이 이해할 수 있도록 제가 차분히 설명을 해야 하는데, 그게 그렇게 쉬운 일은 아니더군요.

편 선생님도 환자가 되어 보신 적이 있나요?

명 당연하죠. 저 역시 병원에 가서 다른 의사에게 치료를 받은 적이 있어요. 개원하기 전이었는데 그때 염증으로 인해 턱 아래 림프절이 커져 수술을 받았었죠. 레지던트 3년 차 때에는 갑자기 코피가 나서 지혈을 했는데 퇴근길에 또 코피가 나서 응급실에 간 적도 있었고요. 검사를 해보니 코 중앙에 있는 벽이 휘어지는 비중격만곡증이 생겨 주변 혈관이 약해졌고, 그로 인해 혈관이 터져버린 거였죠. 그렇게 두 차례 수술을 한 적은 있는데, 평소 운동을 꾸준히 하고, 음식도 골고루 먹고, 금연도 하고, 술도 예전에 비해서 줄이는 등 올바른 생활습관 유지를 위해 노력하고 있는 덕에 고혈압이나 당뇨 같은 병은 없어서 현재 특별히 복용하고 있는 약은 없어요.

병명이 확실치 않은 경우 어떻게 하나요?

편 병명이 확실치 않은 경우 어떻게 하나요?

명 가정의학과의 특성상 대개는 흔하고 익숙한 질병을 보는데 간혹 병명을 확신하기 어려운 경우가 생겨요. 저는 제가 아는 수준을 넘어서는 경우엔 지체 없이 타과에 의뢰하고 있어요. 제가 우울증을 앓았던 경험으로 인해 잘 아는 게 하나 있어 소개해드릴게요. 수개월 혹은 수년 동안 배나 머리가 아픈 환자 중에는 상급종합병원 여러 곳을 다니며 이런저런 검사를 해봐도 아무 이상이 없다고 나오는 분들이 있어요. 이런 환자들에게 내과의사 등 많은 의사들이 신경성 진단을 내리거나 특별한 병이 아니니 걱정할 필요가 없다고 하죠. 하지만 이런 경우 우울증 때문에 그런 증상을 장기간 호소하는 일이 많아요. 환자 역시 연관이 없다고 생각해 자신이 우울감이 있어도 얘길 하지 않죠. 우울증을 진단하는 기준이 있는데, 설명할 수 없는 증상을 가진 이런 환자들에게 이 기준에 따라 질문을 해보면 대개 우울증으로 진단되죠. 그럼 약물을 처방하는데, 보통 2~3주면 효과가 나타나고, 대개 6개월 정도 약물치료를 하게 돼요. 우울증 치료라고 하면 심리 상담과 같은

정신 치료를 주로 생각하지만, 약물치료가 더 많은 역할을 하
고 있죠.

우울증 진단 기준

① 거의 매일 우울한 기분
② 거의 매일 현저한 흥미나 즐거움의 감소
③ 체중 감소나 증가(1개월간 5%) 혹은 식욕 감소나 증가
④ 거의 매일 불면 혹은 과다수면
⑤ 거의 매일 정신운동 초조나 지체(타인에 의해 관찰, 말이나 행동이
  느려짐)
⑥ 거의 매일 피로 혹은 에너지 상실
⑦ 거의 매일 무가치감 혹은 과도한 죄책감
⑧ 거의 매일 사고력 혹은 집중력의 감소 혹은 의사결정 못함
⑨ 반복적인 죽음에 대한 생각이나 자살 생각 혹은 시도

출처: 미국정신의학회 『정신질환의 진단 및 통계편람 5』 DSM-5, Diagnostic and
Statistical Manual of Mental Disorders

①번과 ②번 증상 중 하나는 있어야 하고, 전체 9개 증상
중 5개 이상의 증상이 2주 연속 나타난 경우 우울증으로 진단
하고 있어요.

편 오진 등 의료과실을 한 경우 의사는 어떻게 되나요?

명 의료과실로 인해 환자의 병이 악화되거나 사망할 경우 분쟁이 생기겠죠. 실제로 민사상 손해배상 소송을 당하거나 과실치사죄로 형사처분된 사례가 있어요. 오진한 내용이 췌장암처럼 조기진단이 매우 어렵거나, 임상경험이 상당한 의사라 하더라도 의료 영상만으론 병변을 발견하기 쉽지 않거나, 혹은 해당 환자의 연령대에선 극히 드물게 나타나는 질병이라 진단이 어려운 경우라면, 이런 상황에서 오진을 했다고 형사처분을 하는 것이 과연 정당한 것인지 생각해볼 필요가 있어요. 의학이 많이 발전했지만 현재 의학 수준으로 정확한 진단이 어려운 경우가 있기 때문에 이런 경우에는 정상 참작이 필요하다고 생각해요.

일을 잘 수행하기 위해
따로 노력하고 있는 것이 있나요?

🔲 일을 잘 수행하기 위해 따로 노력하고 있는 것이 있나요?

🔲 적지 않은 의사들이 논문 쓰는 것을 부담스러워해요. 논문을 쓰는데 통계는 아주 기본이 되는 중요한 요소인데, 이를 이해하는 데에는 시간도 많이 걸리고 그 과정이 쉽지도 않아 통계 때문에 논문 쓰는 것을 부담스러워하죠. 모든 의사들이 의과대학에 다닐 때 예방의학이라는 과목에서 통계를 배우지만 그 시기에는 공부해야 할 내용도 많고 시험도 봐야 하기 때문에, 그리고 실제 논문을 쓰면서 통계를 적용한 것이 아니기 때문에 제대로 이해하기 어려웠던 것 같아요. 저 역시 당시엔 충분히 이해를 하지 못해, 2005년 국립암센터 재직 중 서울대 예방의학과 석사과정에 들어가기 전후로 시간적인 여유가 생겨 통계를 다시 공부하기 시작했어요. 학생 신분이 아니라 대학 때보다는 상대적으로 여유 있게 통계학 책들을 찬찬히 읽어볼 수 있었죠. 열심히 공부하다 보니 예전엔 어려웠던 내용이 하나둘 이해되면서 재미가 붙었고, 메타분석을 공부할 자신도 생겨 도전하게 되었어요. 2005년 당시에는 서울

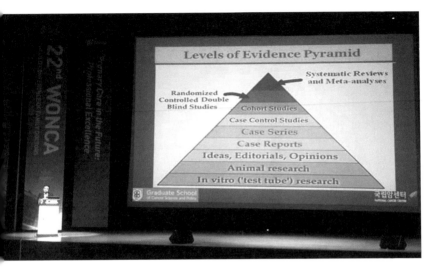

2018년, 세계가정의학회(WONCA) 서울대회 메타분석 특강

대 의대에 메타분석 강좌도 없었고, 메타분석을 전문으로 하는 교수도 없었던 것으로 기억해요. 그런 이유로 독학으로 시작을 했고, 현재까지도 메타분석을 통한 연구 논문을 계속해서 쓰고 있죠. 그렇게 쓴 메타분석 논문이 2019년 11월 현재, SCI급 국제학술지에 발표한 것만 50편 정도 되는 것 같네요.

더 알고 싶어요!

박사님, 메타분석이 뭐예요?

메타분석이란 동일한 주제에 대해 비슷한 연구 디자인으로 수행된 여러 개별 연구들의 결과를 종합하는 방법이에요. 여기에서 연구 디자인이란 의학 연구에서 사용되는 연구 설계 혹은 방법으로, 환자-대조군 연구, 코호트 연구, 임상시험 등을 말하죠. 예를 들어, 우리가 건강에 좋다고 믿고 복용하는 비타민 및 항산화 보충제가 암을 예방하는데 효능이 있는지 알아보는 연구 디자인에는 위 세 가지 방법을 사용할 수 있어요. 이 중 가장 근거 수준이 높은 즉, 가장 신뢰할 수 있는 디자인은 임상시험인데요. 쉽게 설명하면 이런 것이에요. 1,000명의 건강인을 모집해 무작위로 500명씩 두 군으로 나눠 한 군에게는 비타민 및 항산화 보충제를 하루에 한 알씩 복용하게 하고, 다른 군에게는 가짜 약인 위약^{플라시보, Placebo, 약리학적 효능은 없}

지만 심리적으로 안정을 주어 효과를 발휘하는 가짜 약을 한 알씩 복용하게 한 후 5년 뒤 암이 발생한 숫자를 비교하는 연구 디자인이죠. 하나의 임상시험에서 비타민 및 항산화 보충제를 복용한 군이 위약군보다 암의 발생이 적었다면 암 예방 효과가 있다고 결론을 내릴 수 있어요. 하지만 또 다른 학술지에 발표된 같은 주제로 수행된 임상시험에서는 효과가 없거나 오히려 암 발생을 높일 수 있다는 결론이 나올 수 있는데요. 이럴 때 필요한 연구 디자인이 바로 메타분석이죠. 메타분석은 개별 연구결과 데이터들을 모두 모아서 일종의 평균치를 내는 것으로 생각하면 돼요. 즉, A라는 임상시험에서는 비타민 및 항산화제 복용군이 위약군에 비해 암 발생이 20% 낮아 0.8이 나왔고, B라는 임상시험에서는 암 발생이 50% 높아 1.5가 나왔다면 이 두 임상시험을 합쳐 평균을 낸 결과 대략 1.2(단순한 산술평균이 아니라 연구 대상자 수를 가중치로 넣어서 평균값을 산출)가 나올 수 있어요. 이 경우 개별 임상시험의 결론이 아닌 통합한 수치에 근거해 비타민 및 항산화 보충제는 암의 발생을 20% 높이는 것으로 결론을 내는 것이죠. 10여 년 전부터 각 전문과 및 분과에서는 특정 질병에 대한 치료 가이드라인을 만들 때 개별 연구의 결과보다는 이를 종합한 메타분석 논문의 결과를 근거로 삼는 경우가 대부분일 정도로 그 중요성이 더욱 커지고 있어요.

편 애로 사항이 있나요?

명 다른 직업도 마찬가지긴 하겠지만 의학 지식은 계속 발전하기 때문에 의사는 계속 공부해야 해요. 거의 비슷한 질병만을 보는 동네의원 의사라 해도 새로운 약물이나 진단법, 치료법이 끊이지 않고 나오기 때문에 주말을 이용해 세미나나 학회에 참석해 최신 의학 지식을 습득해야 하죠. 저처럼 대학원에서 교수를 하며 메타분석 연구를 수행하는 경우에는 더 많

2019년, 일본 교토에서 개최된 아태 세계가정의학회

은 공부를 해야 한다는 일종의 책임감이 있는데, 그게 가끔은 스트레스가 되기도 하죠. 그렇지만 저의 전문분야인 메타분석, 근거중심의학이 환자들을 진료하는 데 도움이 되고 있고, 의학 발전에도 이바지하는 면이 커서 힘들어도 꾸준히 하고 있어요.

매일 아픈 사람을 만나면 우울해지지 않나요?

편. 매일 아픈 사람을 만나면 우울해지지 않나요?

명. 의과대학에 다닐 때 다른 과 친구들이 해부학 시간에 카데바*를 다루는 게 무섭거나 비위에 맞는지 물어보는 경우가 종종 있었어요. 물론 저도 처음에는 다소 생소하고 두려웠지만 자주 접하다 보니 익숙해졌죠. 다른 친구들도 대개 그랬고요. 본과 3학년 때는 외과 실습을 돌면서 처음으로 사람의 복부를 절개한 모습을 봤어요. 다소 충격적이었지만 이 역시 나중에는 일상적으로 보다 보니 익숙해지게 되었죠. 이 질문에 대한 답도 마찬가지예요. 의사가 아닌 사람들로부터 그런 질문을 많이 받는데요. 의사 자격증을 취득한 지 25년이 다 되어가니, 지금은 익숙해져서 그런 이유로 우울하지는 않죠. 특히 저는 암센터에서 근무를 하고 있지만 가정의학과 외래와 검진센터에서 암 환자가 아닌 고혈압, 당뇨, 이상질혈증 등 특별한 증상이 없는 분들을 더 많이 보기 때문에 환자들 때문

---

* 카데바(Cadaver): 의학 교육 및 연구 목적의 해부용 시체를 가리키는 의학 용어로, 원래는 시체라는 뜻이에요.

에 우울해지는 일은 없어요. 상대적으로 가벼운 질병을 가진 분들을 만나기 때문에 그로 인한 스트레스는 적은 편이죠.

의사는 힘든 직업일 것 같아요. 스트레스는 어떻게 해소하나요?

편 의사는 힘든 직업일 것 같아요. 스트레스는 어떻게 해소하나요?

명 저는 스트레스를 받아도 시간이 지나면 저절로 좋아지는 편이라 따로 해소법 같은 게 없어요. 아주 가끔 스트레스를 받는 일이 생기면 술을 한잔하면서 풀고요. 저처럼 술로 스트레스를 푸는 사람이 많은데요. 흡연의 경우 절대적으로 금연을 권유하는데, 음주의 경우에는 금주 또는 적정 음주를 권하고 있어요. 나라마다 약간씩 차이가 있지만 우리나라와 미국 등에서는 한번 마실 때 남성의 경우 2표준 잔, 여성의 경우 1표준 잔이 적정 음주죠. 여기에서 1표준 잔은 알코올 무게로 12~14g을 말해요. 예를 들면, 355ml 캔맥주 한 캔은 알코올 도수가 약 4.5%이기 때문에 대략 15ml의 알코올이 들어있어, 무게로 환산하면 약 12g 정도가 되니 1표준 잔에 해당돼요. 그럼 캔맥주의 경우 남성은 두 캔, 여성은 한 캔이 적정 음주가 되겠죠. 소주의 경우 소주잔으로 한 잔하고도 반잔이 1표준 잔, 막걸리나 와인, 양주는 해당 잔으로 한 잔이 1표준 잔이에요. 와인의 경우 잔을 가득 채우는 것이 아니라 잔의 3분의 1 정도 혹은 반 정도에 해당하는 125ml가 한 잔이고요. 우리나라 중독정신학회에서는 적정 음주량을 일주일에 세 번 이내로 마시는 것을 권장하고 있어요. 적정 음주에 대한 개념이 생긴 이유는 술을 전혀 마시지 않는 사람들과 비교했을 때 적정 음주를 하는 사람들이 관상동맥질환과 같은 심혈관질환의 위험성이 오히려 20% 정도 낮았기 때문이에요. 하지만, 적정

2019년, 국립암센터 의사협의회 친목모임인 '국의협' 송년회

음주를 넘어서 과도한 음주를 하는 경우에는 고혈압이나 당
뇨, 이상지질혈증, 간질환 등의 생활습관병과 함께 알코올 중
독의 위험성이 높아지기 때문에 주의가 필요하죠.

의사들 사이에 상하관계가 정말로 엄격한가요?

편 의사들 사이에 상하관계가 정말로 엄격한가요?

명 가정의학과의 경우 서로를 존중해주는 분위기 덕분에 상하관계가 그렇게 엄격한 편은 아니었어요. 다른 일부 과들은 그렇지 않은 경우도 있었는데요. 정형외과나 외과와 같이 수술을 주로 하는 과는 실수에 민감하기 때문인지 아니면 대대로 내려오는 전통인지 상하관계나 분위기가 엄한 편이었죠. 남자의 경우 군대를 다녀오면서 나이와 연차가 일치하지 않는 상황이 발생하는데, 그럴 때도 외과는 연차를 더 중시하는 경향이 있었고요. 예를 들어 레지던트 2년 차는 그대로 올라간 반면, 바로 아래 1년 차는 인턴 과정 후 3년간의 의무 복무를 마치고 와 1년 차의 나이가 오히려 세 살 정도 많은 경우가 있었어요. 그런 상황에서 1년 차가 수술 전 준비를 제대로 하지 못하자 세 살 어린 2년 차로부터 반말로 혼이 난 것은 물론 몽둥이로 엉덩이까지 맞았다는 이야기도 있었어요. 20년도 더 된 이야기인데, 그런 얘기가 떠돌았던 것을 보면 분위기가 굉장히 엄격했던 것 같아요. 레지던트 과정을 마치고 전문의 자격을 취득하게 되면 각자 개인 의원의 원장으로 가

거나 봉직의가 되는데, 그런 경우엔 의사들 사이의 상하관계
가 엄격하지는 않죠. 대학병원 교수의 경우 직급과 경력에 따
라 어느 정도 상하관계가 형성되어 있는 편이지만, 출신학교
가 다른 분들끼리는 서로 존중해주는 분위기가 있어 그런 경
우에는 덜 엄격한 편이고요.

힘들어서 중간에 그만두고 싶었던 적은 없었나요?

편 힘들어서 중간에 그만두고 싶었던 적은 없었나요?

명 레지던트 1년 차가 되기 직전인 1996년 2월, 서울대병원의 협력병원인 서울특별시 보라매병원 응급실에서 인턴 마지막 달 근무를 했어요. 당시엔 24시간 근무하고 24시간 쉬었기 때문에 지금보다 훨씬 힘들었죠. 아침 8시부터 다음날 8시까지 잠도 제대로 못 자고 환자를 봐야 하니 얼마나 고되겠어요. 새벽 한두 시에는 환자가 없으니까 당직실에서 조금 잘 수 있었는데요. 자다가도 호출이 오면 바로 달려가야 했죠. 고단했던 인턴 생활을 끝내고 3월에 레지던트가 되었어요. 레지던트가 되면 달마다 병원과 과를 바꿔가며 근무하게 되는데 첫 스케줄이 인천의료원의 응급실인 거예요. 또 다시 응급실에 배정받은 데다 작은 규모의 병원이라 당직 의사가 저 한 명뿐이어서 더 힘들었죠. 특히 밤에는 중환자실과 병실의 콜까지 받아야 했으니까요. 그렇게 힘들게 또 한 달간의 응급실 근무를 마친 후 4월에 서울특별시 보라매병원 내과에 갔는데 그때부터 예기불안[*]이 자주 찾

※ 예기불안(Anticipatory Anxiety): 미래에 발생할 어떤 일을 생각할 때 나타나는 불안으로 주로 공황장애와 같은 불안장애에서 볼 수 있어요.

아왔어요. 그러면서 자신감이 떨어지기 시작했고, 내가 가정의학과와 잘 맞지 않는 건가 싶어 회의감이 들기 시작했죠. 내과 다음 달엔 소아청소년과에 갈 차례였는데 소아는 처방약의 용량부터 많은 것에 차이가 있어 내가 잘 할 수 있을지 미리부터 두려운 마음이 들기도 했어요.

그렇게 몇 개월 동안 힘들게 주치의 생활을 하다가 1996년 12월 경, 경기도 포천의료원으로 파견을 나가게 되었어요. 여기서도 인천의료원에서처럼 응급실과 중환자실의 환자를 봐야 하는 야간 당직을 자주 서게 되었죠. 환자도 많고 쉽지 않은 근무인데다, 지방이라 월요일부터 금요일까지는 당직실에서 생활해야 했기 때문에 부모님과 따로 떨어져 지내다 보니 외로움 때문에도 고생을 했어요. 그러다 서울에서 포천으로 출근하는 버스 안에서 갑자기 죽고 싶다는 생각까지 들게 되었죠. 레지던트 1년 차가 되고 난 이후 내내 의욕도 없고 하던 일에 흥미도 잃고 항상 불안한 마음 때문에 초조했는데, 급기야 자살까지 생각하게 되니 비로소 '아 이게 우울증이구나' 싶었어요. 곧바로 서울대병원 가정의학과 의국에 연락했고, 담당 교수님께도 이야기한 후 정신건강의학과 진료를 받으면서 우울증 치료제를 복용하기 시작했죠. 보통 우울증에 걸리면 불면증상이 있는 것으로 알려져 있지만 반대로 과수면 증상이 나타나는 경우도 있어요. 제 경우에는 과수면 증상 때문에 잠을 평소보다 많이 잤죠. 깨어 있는 상태에서 부모님이나 다른 사람을 상대하는 것이 오히려 큰 부담이 되고, 제 자신이 너무 초라해지는 느낌 때문에 차라리 잠을 자는 게 낫겠다는 생각이 커져서 그랬던 것 같아요. 우울증 약을 먹었지만 처음 1개월간은 별다른 증상의 개선이 없어, 정신건강의학과 담당 교수님께 그 당시에 본격적으로 처방하기 시작한 푸로작Prozac이라는 항우울제를 복용하고 싶다고 얘기했어요. 푸로작으로 약을 바꾸면서 휴직에 들어갔죠. 몇 주간 특별한 변화가 없다가 3주 정도 지날 무렵 우울 증상이 호전되기 시작했어요. 이전의 나를 다시 돌아보면서 '그때는 왜 그렇게 우울하고 자신도 없고 죽음에 대한 생각까지 하며 잠만 자려고 했었지?'라는 생각을 하기 시작했고요. 약효가 좋아 휴직 1개월여 만에 증상이 호전되면서 자신감이 생겨 다시 복귀했고, 인천의료원 외과 주치의로 파견을 나가게 되었어요. 첫 환자를 인계받고 의기양양한 기분에 어려 보이는 환자에게 말을 놓아 폭행을 당할 뻔했던 때가 바로 그때죠. 이후 6개월 정도 항우울제를 복용했고 경조증의 증상이 있어 리튬까지 복용해

결국 완치가 되어 무사히 남은 과정을 마칠 수 있었어요. 다행히 그 뒤로 지금까지 한 번도 재발이 없었고요. 저는 그래도 의사여서 빨리 우울증임을 인지해 바로 치료를 받았고, 치료 효과도 좋아 다행이었죠. 치료를 받아도 효과가 덜한 분도 있고, 치료가 잘되지 않아 안타까운 결말을 맺는 분도 있어요. 하지만 우울증은 약물치료와 정신 치료를 꾸준히 병행하면 완치가 가능한 질병이니 절대 포기하지 말고 주치의의 치료방침을 잘 따르는 것이 중요해요.

성취감을 느끼는 순간이 있나요?

편 성취감을 느끼는 순간이 있나요?

명 많은 의사들이 그렇겠지만 저 역시 질병으로 고생하는 환자들을 치료한 결과, 그분들의 건강이 좋아질 때면 성취감을 느껴요. 특히 고혈압이나 당뇨, 이상지질혈증 때문에 오랜 기간 약을 복용해오던 환자들의 경우 각자에게 맞는 생활습관 개선 교육을 한 덕에 약 복용을 끊고도 몇 년째 해당 수치가 정상으로 유지되는 분들이 많은데, 그런 분들을 보면 큰 성취감을 느끼죠. 앞서 언급했지만 특별한 원인을 모른 채 콜레스테롤 저하제를 복용해왔던 이상지질혈증 환자의 문진 결과, 평소에 커피를 많이 마시기에 양을 줄이라고 권고했더니 약을 복용하지 않고도 수치가 정상으로 유지되는 경우도 종종 있는데, 그럴 때 역시 보람을 느끼고요.

저는 진료 외에도 메타분석을 이용해 연구를 하고 있는데요. 연구를 하고 논문을 써서 국제학술지에 게재 허가를 받을 때, 나아가 그 내용이 영향력을 미쳐 의학 지식이 변화하고 발전하는 것에서도 큰 성취감을 느껴요. 가장 대표적인 사례 하나만 소개할게요. 2009년에 '휴대전화 사용하면 종양 위험성을 높일 수 있다'라는 메타분석 논문을 미국 임상종양학 저널에 게재한 적이 있었어요. 이는 종양학 분야의 최고 학술지 중 하나로 임팩트 팩터* 수치가 무려 28이나 되죠. 세계적으로 질적 수준이 높다고 인정되는 학술지가 등재되어 있는 SCI에는 2019년 11월 현재 약 9,154개의 의학을 포함한 과학 기술학술지가 올라가 있는데, 임팩트 팩터로 순위를 매겼을 때 34위에 해당할 정도로 수준 높은 학술지이고요. 세계보건 기구WHO 산하 국제암연구소IARC에서는 주기적으로 발암물질과 발암 추정물질, 발암 가능물질을 분류하고 있는데요. 제 논문이 임상종양학저널에 발표되고 나서 2년 후인 2011년에 국제암연구소에서는 휴대전화에서 발생하는 전자기파를 발암 가능물질로 분류하기 시작했어요. 해당 분야의 세계적인 전문가들이 모여 일정 기간 토론을 거듭한 후에 분류를 하고 있는데, 휴대전화 전자기파의 발암성과 관련해 대한민국 대표로 참석한 교수에 의하면 제 논문도 같이 검토가 되었다고 하더

---

* 임팩트 팩터(Impact Factor, IF): 지난 한 해 동안 전 세계 다른 연구자들에 의해 논문이 얼마나 많이 인용되었는가를 수치로 나타낸 것을 말해요. 연구의 영향력이나 수준, 가치 등을 평가하는 지표로 점수가 높을수록 연구의 가치가 큰 것으로 여겨지죠.

라고요. 제 논문이 실험실 연구나 동물실험이 아니라 사람을
대상으로 한 가장 높은 수준의 관찰연구이기 때문에 중요하게
다뤄졌을 거예요. 제가 발표한 논문이 세계적으로 알아주는
유명 종양학 학술지에 발표된 데다, 발암물질을 분류하는 데
에도 영향을 미쳐 어느 정도 기여를 했다는 걸 들으니 정말 뿌
듯하더라고요.

의사를 꿈꿨던 때와 실제 의사가 된 후
가장 크게 달라진 점이 있을까요?

편) 의사를 꿈꿨던 때와 실제 의사가 된 후 가장 크게 달라진 점이 있을까요?

명) 의사가 되기 전에는 의사란 병을 고치는 사람 정도로 생각한 게 다였어요. 아주 막연하게만 생각했는데 의대에 들어와 공부를 하고 인턴과 레지던트 과정을 거치면서 더 구체적인 모습이 그려지게 되었죠. 그리고 의사가 된 후에도 초반과는 마음가짐이 많이 달라졌어요. 처음엔 제 성격대로 행동하고 사람들을 상대했는데, 상대방의 마음을 배려해야 하며, 전처럼 행동해서는 안 된다는 걸 절실하게 깨닫게 되었죠. 전에는 환자가 기분 나쁘게 나오면 같이 화를 내는 일도 종종 있었지만 이젠 참으려고 해요. 화가 나도 참고. 설명이나 조언을 해줄 때도 상대가 혼난다는 느낌이 들지 않도록 애쓰고, 무엇보다 환자의 입장에서 생각하려고 노력 중이죠. 그들은 병 때문에 힘들고 심리적으로 불안한 사람들이잖아요. 그런 상태에서는 상대방을 배려하는 것이 어려울 수 있으니 제가 더 부드럽게 대해야겠죠. 저만 그런 것이 아니라 의사가 서

2018년, 국립암센터 주관 미얀마 양곤 국제의료봉사

비스 직업이라는 개념이 정착되면서 예전보다는 더 친절하게 환자를 대해야 한다는 생각이 확산되고 있는 것 같아요. 하지만 이전 성격을 완전히 바꾼다는 게 여전히 쉽지는 않네요. 그래도 계속 노력하고 있어요.

어떤 마음의 자세로 일하세요?

<img 편> 어떤 마음의 자세로 일하세요?

<img 명> 국립암센터에 들어오고 나서부터 저는 돈이나 명예, 성공만을 쫓지 말고 사람들에게 도움이 되는 가치 있는 사람이 되고자 했어요. 그 전에 개인 의원을 경영할 때는 그런 생각을 할 겨를이 없었죠. 국립암센터에서 일하면서 금연이나 암 예방검진, 건강기능식품 바로 알기 등의 강의에 자주 나가기 시작했는데요. 어떤 강연장의 대기실에 이런 구절이 붙어있었어요. 'Try not to become a man of success, but rather try to become a man of value.' 성공한 사람이 되려고 노력하기보다는 가치 있는 사람이 되기 위해 노력하라는 의미죠. 유명한 과학자 알버트 아인슈타인이 한 말이더라고요. '어, 내가 생각하는 바로 그거네'라는 마음에 그 문구가 가슴에 쏙 들어왔죠.

연구를 열심히 하고, 좋은 논문을 많이 써서 인정을 받고, 방송 등 언론매체에 출연해 올바른 의학 상식을 알리는 것이 제게 명성을 안겨주기도 하지만 동시에 사람들에게도 도움을 준다고 생각해요. 즉, 이런 일을 통해 다른 사람들의 삶에 좋은 영향을 미치고 건강에 기여할 수 있는 그야말로 '가

EBS 〈생방송 톡!톡! 보니하니〉의 코너 프로그램 중 하나인 〈삐뽀삐뽀! 우리 몸 X파일〉

치' 있는 사람의 역할을 한다고 믿고 있죠. 특히 방송에서 근거가 부족한 가짜 의학 상식을 전하는 쇼닥터들을 비판하고, 근거 중심의 올바른 정보를 전하는 것은 매우 의미 있는 일이라고 생각해요. 얼마 전에도 제 얘기를 듣고 효능에 대한 의학적 근거가 없는 건강식품이나 민간요법 대신 의사의 말을 충실히 따르고 치료를 받아 완치되었다는 분을 만났어요. 옳

2019년, KBS 〈아침마당〉 출연자들과 함께. 우측부터 이영준 PD, 이정민 아나운서, 김정연 가수, 정재훈 약사, 본인, 한해원 프로바둑기사, 홍혜걸 박사, 김재원 아나운서

다고 믿는 일을 꿋꿋하게 해주셔서 감사하다는 인사도 들었죠. 가끔 중, 고등학교 학생들에게 강의를 할 기회가 있는데요. 무언가를 시작하려는 젊은 친구들에게 저 문구를 얘기해 줘요. 이 책을 읽는 여러분에게도 소개할 수 있어 기쁘네요. 자신의 영역에서 누구보다 열심히 일하면 돈이나 명예, 성공은 자연히 따라올 수 있어요. 하지만 가치 있는 삶은 꿈꾸지 않고 노력하지 않으면 이룰 수 없죠.

환자를 대할 때 특히 신경 쓰는 부분이 있다면요?

편 환자를 대할 때 특히 신경 쓰는 부분이 있다면요?

명 예전에는 환자를 볼 때 별다른 신경을 쓰지는 않았어요. 그래서 그랬는지 초반에는 불친절하다는 얘기도 자주 들었죠. 사람들이 좀 예민해서 그런다는 생각에 그런 얘기를 들어도 그러려니 했고, 반대로 설명을 자세히 해줘서 고맙다는 얘기도 들었기 때문에 환자 성격에 따라 다 다른가 보다 생각했어요. 저는 지금 국립암센터 건강검진센터의 센터장이기도 해서 민원을 살피는 업무도 하는데, 불만을 제기하는 사람이 생각보다 많아요. 그중에는 불만사항에 대해 지나칠 정도로 큰 소리로 얘기하고 화를 내는 경우도 있어요. 처음부터 불만이 생기지 않도록 환자의 입장에서 기분이 나쁠 수 있는 단어는 사용하지 않고 부드럽게 얘기했으면 그런 상황이 발생하지는 않았을지도 몰라요. 그렇지만 부드럽고 친절하게 이야기해도 만족하지 못하고 화를 내는 사람들이 종종 있죠. 이런 경우 예전 같으면 그러한 불만에 대해 해명하는 쪽에 신경을 썼는데, 그렇게 하면 오히려 상황이 더 악화되는 경우가 많더라고요. 그래서 요즘에는 상황이 어찌 됐든 일단은 불편을 끼

쳐드려 죄송하다고 사과하고, 앞으로는 이런 일이 발생하지 않도록 주의하겠다고 이야기를 하는데, 그럼 대부분 잘 해결이 되죠. 그런 일을 종종 겪고 나니 이제는 애초에 민원이 발생하지 않게 진료 시 환자의 기분이 나쁘지 않도록 최대한 신경을 쓰고 있어요.

가정의학과
의사란

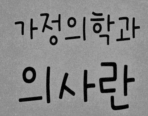

Family medicine

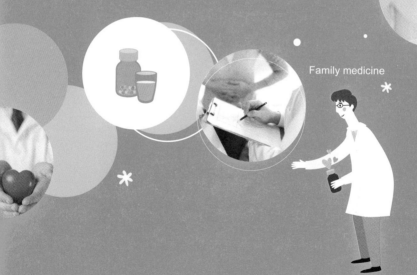

의사라는 직업에 대해 먼저 소개해주시고,
가정의학과의사에 대해서도 알려주세요.

편 의사라는 직업에 대해 먼저 소개해주시고, 가정의학과의사에 대해서도 알려주세요.

명 표준국어대사전에 따르면 의사란 일정한 자격을 가지고 병을 고치는 것을 직업으로 하는 사람을 말해요. 영어로는 'Someone who is qualified in medicine and treats people who are ill'이라고 하고요. 의학 분야의 자격을 갖추고 병에 걸린 사람들을 치료하는 일을 하는 사람이란 뜻이죠. 다양한 전공의 의사가 있는데, 그중 가정의학과의사는 질병의 조기 발견과 관리, 질병의 예방과 건강 상태의 유지를 위해 환자와 그 가족에게 지속적이고 포괄적인 의료 서비스를 제공하고 있어요. 문진^{환자가 호소하는 증상, 개인병력 및 가족력 등을 물어보는 것}과 검사 결과 등을 통해 환자의 상태를 진단한 후 해당 질병에 맞게 금연이나 절주, 표준체중 유지, 운동, 과일과 채소 골고루 섭취하기, 짜게 먹지 않기, 붉은 고기 섭취 줄이기 등 생활습관 개선에 대해 조언하고, 필요한 경우 약물치료를 위해 처방전을 발행하죠. 각종 감염성 질병 및 암의 예방을 위해 A형 및 B형 간염

예방접종, 자궁경부암 백신 접종, 대상포진백신 접종 등의 예방접종도 시행하고요.

편 그럼 주치의라고 표현해도 될까요?

명 네, 그렇게 보면 돼요. 주치의는 어느 한 사람의 건강 상태나 질병을 도맡아서 치료하거나 상담해주는 의사를 말해요. 어떤 병이 발생했을 때 일회적으로 치료해주고 끝나는 것이 아니라, 주기적이고 지속적으로 진료를 시행하며 전담하는 것이죠. 개인이 동네의 단골 의사를 주치의로 지정해 매년 일정액을 내고 건강관리를 받는 제도가 주치의 제도인데, 우리나라에서는 아직 공식적으로 운영되고 있지는 않아요. 하지만 내용만 놓고 본다면 많은 환자들이 특정 의사에게 주로 진료를 보는 경우 그 해당 의사가 주치의라고 볼 수 있겠죠. 내과나 외과, 피부과, 정형외과, 정신건강의학과 등 특정 질병만 보는 의사가 아닌 다양한 질병을 대상으로 남녀노소 누구나 진료할 수 있는 가정의학과의사가 가장 이상적인 주치의라고 할 수 있어요.

편 일반인에게 가정의학과는 어떤 의미가 있을까요?

명 가정의학과에서 정확히 무슨 병을 다루는지 확실히 알지 못하는 분들도 있지만, 최근 몇 년 동안 방송이나 신문 등의 언론매체에 가정의학과의사들이 자주 등장하면서 인지도가 상당히 올라간 것 같아요. 앞서 이야기했듯이 가정의학과는 가족 내 남녀노소를 막론하고 건강상에 문제가 발생했을 때 처음 방문하는 과로, 1차 진료에서 흔히 다루는 대부분의 질병과 문제를 해결할 수 있는 주치의로서 기능한다는 점에 큰 의미가 있다고 생각해요.

편 환자들은 어떤 때 가정의학과에 방문하면 될까요?

명 갑자기 어떤 증상이 발생하면 이 증상이 무슨 병인지 알 수 없는 경우가 많아 어느 과에 갈지 막막해 하는 분들이 많아요. 이럴 때는 바로 가정의학과 의원에 방문하면 돼요. 증상이 처음 발생했을 때 1차 진료를 담당하는 과가 가정의학과 거든요. 대부분의 질병은 가정의학과 전문의가 해결할 수 있으며, 보다 세부 전문의의 진료가 필요한 경우 정식으로 의뢰서를 작성해 타과 전문의 혹은 상급 의료기관에 의뢰를 하게 되죠.

편 가정의학과 외에 또 어떤 전공들이 있나요?

명 내과, 신경과, 정신건강의학과, 외과, 정형외과, 흉부외과, 성형외과, 마취통증의학과, 산부인과, 소아청소년과, 안과, 이비인후과, 피부과, 비뇨의학과, 영상의학과, 방사선종양학과, 병리과, 진단검사의학과, 결핵과, 재활의학과, 예방의학과가 생긴 이후 가정의학과가 23번째로 인정되었고, 그 뒤 제가 의대를 졸업할 즈음인 1995년에 응급의학과가 신설되었어요. 이후로 핵의학과와 산업의학과가 생겨 현재 총 26개 과목의 전문의 제도를 시행하고 있죠.

편 병원 역시 동네에 있는 의원부터 난이도가 높은 치료를 하는 전문병원까지 매우 다양하잖아요. 의료기관의 종류가 궁금해요.

명 예전에 의료전달체계라는 게 있었어요. 그 체계에 따라 병원을 구분하다 보니 1차 병원, 2차 병원, 3차 병원으로 칭하게 되었죠. 일반적으로 병상의 규모에 따라 1차, 2차, 3차로 나뉘는데요. 먼저 1차 병원에는 병상이 아예 없는 곳이나 29병상 이하의 의원, 보건소 등이 있으며, 주로 외래환자나 1~2일 정도의 단기간 입원환자를 보죠. 2차 병원에는 30~500병상을 보유한 병원, 종합병원, 치과병원, 요양병원 등이 있으며, 주로 입원환자를 보고요. 2차 병원의 경우 여러 진료과목과 전문의들을 두고 있는데, 100병상 이상의 규모를 가진 종합병원 중 병상이 100개에서 300개 사이라면 7개 이상의 진료과목을 갖춰야 하고, 300병상 이상이라면 9개 이상의 진료과목을 갖춰야 해요. 각 진료과목마다 전문의가 있어야 하고요. 마지막으로 3차 병원에는 상급종합병원이 있어요. 종합병원 중 몇 가지 조건을 갖춘 중증질환에 대해 난이도가 높은 의료 행위를 전문적으로 하는 곳을 상급종합병원이라고 해요. 500병상 이상의 대학병원과 700병상 이상의 기타 종합병원이 있으며, 진료과목은 20개 이상인 곳이 많아요. 상급종합병원은 전문의가 되려는 사람을 수련시키는 병원이기도 하죠. 이런 식으로 병상 규모와 진료과목의 수에 따라 병원을 구분하고 있어요. 연세 많으신 분이나 말기 암 환자가 가는 요양병원도 있죠. 요양병원은 의사와 한의사가 의료 행위를 하는 곳으로, 30인 이상의 요양환자를 수용할 수 있는 시설을 갖추고 의료 서비스를 제공하는 기관이에요. 마지막으로 전문병원은 병원급 의료기관 중에서 특정 진료과목이나 특정 질환에 관해 난이도가 높은 의료 행위를 하는 병원을 말하며 보건복지부 장관이 지정해요.

편. 최근 제주도가 영리병원인 녹지국제병원의 개설을 허가하면서 논란이 된 적이 있어요. 영리병원은 비영리병원과 어떻게 다른가요?

명. 위에서 말한 모든 병원은 비영리 병원이에요. 비영리단체나 의사만이 설립할 수 있죠. 반면 영리병원은 주식회사처럼 일반인이나 기업이 설립할 수 있으며, 병원 운영을 통해 수익이 발생하면 투자자에게 배당금으로 지급할 수 있죠. 다른 사업에 투자할 수도 있고요. 반면 삼성의료원이나 서울아산병원 같은 곳은 비영리병원이기 때문에 수익이 발생하게 되면 의료시설 확충이나 인건비와 연구비 지출 등으로 병원에 재투자를 해야 하죠.

편. 영리병원을 반대하는 목소리가 높던데, 어떤 이유로 도입을 반대하는 것인가요?

명. 영리병원을 허용할 경우 대기업은 물론 수많은 기업들이 의료사업에 뛰어들겠죠. 수익도 수익이지만 상당한 세제 혜택도 누릴 수 있거든요. 초반에는 경쟁으로 인해 의료비가 저가로 형성될 수도 있겠지만, 결국에는 투자비를 회수하고 이익을 내기 위해 고가의 비보험 진료를 유도하거나 과잉 진료를 할 가능성이 높아요. 그럼 결국 의료비가 폭등하게 되고 높은 진료비를 감당할 수 있는 소수의 사람만이 영리병원의 진료를 받게 될 거예요. 이와 같은 의료 서비스의 양극화 우려와 공공성 훼손 등을 근거로 반대하고 있는 것이죠. 녹지국제병원의 경우도 이런 이유로 반대하는 사람들이 많아 무산되었어요.

구체적으로 어떤 일을 하나요?

편 구체적으로 어떤 일을 하나요?

명 개업의의 경우 보통 오전 9시부터 오후 6시까지 하루 종일 환자를 보죠. 저 같은 경우 2003년 6월부터 국립암센터에서 일하기 시작했는데요. 초반에는 주로 검진센터 업무를 했어요. 하루를 오전 세션과 오후 세션으로 구분하는데, 월요일부터 금요일까지 5일이니 총 10세션을 근무하는 것이죠. 당시엔 주 5일 근무제가 시행되기 직전이라 종종 토요일에도 근무를 했으니 10세션 이상 일하는 주도 많았고요. 검진 업무란 검진 결과를 판정해 파일로 정리한 후 책자로 만들어 환자들에게 책자와 모니터를 보여주며 설명해주는 것을 말해요. 시간이 지남에 따라 후배 의사가 들어오면서 검진 업무에 할애하는 세션 수가 줄었고 현재는 4세션을 진료하고 있죠. 그중 두 번은 가정의학과 외래에서, 나머지 두 번은 검진센터에서 진료하고 있고요. 2018년 1월부터는 암예방검진센터의 센터장도 맡게 되어서 관련 업무도 하고, 나머지 시간에는 연구와 교육을 해요. 저는 국립암센터 소속 연구소의 연구원이면서 국제암대학원대학교의 전임교원이기도 해서 연구도 하고 논

지도 학생 중 첫 번째(박성훈)와 두 번째(퉁 황)로 석사학위를 받은 학생들과 함께

문도 쓰고, 대학원 학생들을 가르치는 일도 하고 있죠.

편 주로 어떤 분야의 연구를 하시나요?

명 국립암센터 부속병원에 정규 의사직으로 들어올 때 모든 의사들은 자신이 앞으로 어떤 주제를 전문으로 연구할 것인지 관심 연구분야에 대한 발표를 하게 돼요. 2004년 1월 정식으로 의사직 발령을 받았을 때 가정의학과 전문의는 저 외에도 두 명이 더 있었는데요. 모두 서울대병원 가정의학과 의국 선배였죠. 한 분은 말기 암 환자의 삶의 질 향상 및 완화의학 호스피스 분야의 전문가였고, 다른 한 분은 국내에서 유명한 금연 분야의 전문가였어요. 2003년 6월부터 6개월 동안 임시직으로 암예방검진센터에서 근무할 예정이었는데, 정규직에 지원하기로 마음먹으면서 앞으로 암과 관련해 어떤 분야를 연구할지 고민을 많이 했어요. 그러면서 암의 원인에 대해 공부를 하다 보니 모든 암의 약 35%는 음식 요인, 30%는 흡연, 15% 내외는 감염 때문에 발생하며, 그 외 유전적 요인, 환경오염 등이 각 5% 이내를 차지한다는 것을 알게 되었죠. 학교 선배이자 함께 근무하고 있는 서홍관 박사님이 금연운동협의회 회장이면서 담배 및 흡연의 전문가이기 때문에, 저는 암과 음식을 주제로 연구하기로 마음먹었고, 그때부터 15년째 암과 음식 요인, 특히 음식에 들어 있는 비타민이나 항산화제 등 각종 영양물질과 건강기능식품의 효능 및 기능성에 대한 주제를 저의 전문분야로 확립하게 되었어요.

본격적으로 연구 논문을 발표하기 시작한 2007년부터 SCI급 국제학술지에 게재한 68편의 논문을 포함해 총 79편의 논문을 발표했어요. 이 중 50편이 메타분석 논문인데, 연구주제는 대부분 암과 음식 및 건강기능식품, 금연, 암의 위험요인 등이죠. 요즘도 제 주요 관심사는 건강기능식품의 임상적 효능에 대한 내용인데, 주요 결과는 효능에 대한 근거가 없거나 부족하다는 것이에요. 전 세계적으로도 비타민 등 건강기능식품에 대한 연구 결과를 보면, 2007년 미국의학협회지에 발표된 '비타민제 및 항산화 보충제가 사망률을 5% 높인다'는 임상시험의 메타분석 논문 이후 최근 10여 년 동안에 발표된 주요 메타분석 논문들의 결과가 제 연구 결과와 마찬가지로 효능이 없거나 사망률 혹은 일부 암의 위험성을 높이는 것으로 나왔죠. 그렇기 때문에 건강을 목적으로 비타민제와 같은 건강기능식품을 복용하는 것은 돈과 시간을 낭비하고 오히려 건강을 해칠 수 있으니 먹지 않는 게 좋아요.

2012년, 〈세상을 바꾸는 시간, 15분〉에 출연해 비타민의 불편한 진실에 대해 강의

편 진료 분야가 세부적으로도 나뉘어 있나요?

명 가정의학과는 모든 가족 구성원들 사이에서 흔하게 발생하는 1차 질환을 공통적으로 진료하는 동시에 건강증진-건강검진 클리닉, 노인의학 클리닉, 스포츠의학 클리닉, 갱년기의학 클리닉, 여행자의학 클리닉, 금연 클리닉, 비만 클리닉과 같이 세부적으로 나뉘어 운영되기도 해요. 대부분의 환자들은 건강증진과 질병 예방을 위해 의사와 상담하기를 원하고, 국가 보건 관점에서 봐도 건강관리는 중요한 분야라 건강증진−건강검진 클리닉은 가정의학의 이상적인 발전 분야로 여겨지고 있죠. 이 분야에서는 건강 위험인자에 대한 평가와 상담, 평생 건강관리 프로그램, 정기 건강검진, 건강 교육 등을 담당하고 있어요. 노인의학 클리닉에서는 노화에 따른 신체적, 정신적 기능의 변화와 흔한 노인성 질환의 진단과 치료, 노인성 증후군의 예방과 관리, 노인 임상 약물학, 장기 의료 등을 담당해요. 스포츠의학 클리닉에서는 영양, 운동, 행동과학과 함께 운동선수를 위한 보건을 담당하는데, 운동선수의 관리만 하는 것이 아니라 일반인들을 위한 운동 처방과 운동 상담에도 관여하고 있어요. 폐경을 전후한 여성들의 경우 여성호르몬의 감소로 인해 골다공증이나 심장질환, 우울증, 불면증, 불안증, 안면 홍조, 기억력이나 집중력 감퇴 등으로 어려움을 겪고 있는데요. 이러한 여성들을 의학적으로 관리하기 위해 갱년기의학 클리닉이 있죠. 최근 증가하고 있는 해외여행과 더불어 이에 따른 의학적인 문제들이 부각되고 있어요. 해외여행 전의 예방접종과 당뇨나 심장 환자들의 여행 시 관리 등 해외여행에서 생길 수 있는 여러 가지 건강상의 문제를 연구하고 이에 대한 예방법과 대응책을 준비하는 분야가 바로 여행자의학 클리닉이에요. 가정의학과에서는

20여 년 전부터 금연 클리닉을 주도적으로 운영해왔어요. 금연의 중요성이 강조되면서 약 10년 전부터는 정부 차원에서 전국 240여 개 보건소에 금연 클리닉을 운영하고 있으며, 보건복지부와 국립암센터가 공동으로 금연상담전화인 '1544-9030'을 운영하고 있죠. 2015년부터는 담배 가격을 대폭 인상하였고, 늘어난 세수를 이용해 국민건강보험공단에서는 금연치료 지원사업을 시행하고 있는데요. 금연치료 지원사업이란 흡연자가 금연을 원하는 경우 개인 의원이나 병원을 방문해 등록을 하면 진료비와 금연 약물 치료비를 지원해 주는 것으로, 이는 주로 가정의학과에서 담당하고 있죠. 비만 클리닉에서는 다양한 검사를 통해 몸 상태를 진단하고, 생활습관을 체크하고 있어요. 그 결과에 따라 어떤 방법을 사용해야 건강하게 체지방을 감량할 수 있는지 파악한 후 안전하고 체계적으로 비만을 관리하도록 도와주고 있죠. 사실 체중을 감량하기 위해 내원하는 환자들의 경우 정신과적 치료를 병행해야 하는 경우가 많아요. 그러니 내과적 문제와 더불어 정신과적 문제에도 접근 가능한 가정의학과야말로 비만 클리닉을 운영하기에 가장 적합한 곳이죠. 실제로도 가장 많이 운영하고 있고요.

🟦 병원에서 의사와 함께 일하는 다른 사람들의 업무에 대해서도 두루 알아야 하나요?

🟥 전부 알면 좋겠지만 현실적으로 의사들은 진료하는 일 외에 다른 파트에서 일하는 분들의 업무까지 자세히 알지는 못해요. 의사마다 다르겠지만 대부분의 의사들이 대략적인 내용만 알고 있죠. 각 파트의 일들이 너무 세분화되어 있어 구체적으로 알 수는 없지만 어느 정도는 파악하고 있어야 한다고 생각해요. 특히, 내가 어떤 검사를 처방했을 때 보험급여가 되는 경우에는 대략 얼마 정도의 비용이 드는지, 비급여인 경우에는 또 어떤지 알고 있으면 미리 환자에게 정보를 줄 수 있어 도움이 되겠죠. 저는 2002년 6월부터 10개월 정도 개인 의원을 경영한 적이 있는데요. 당시 정형외과 질환이나 폐질환 등을 효율적으로 치료하기 위해 X선 촬영기를 구입했어요. 그렇지만 X선 촬영을 전문으로 하는 방사선사를 두기에는 비용이 많이 들어 제가 직접 X선 촬영하는 법을 배워 방사선사의 업무를 체험해본 적이 있죠. 이처럼 의사 본연의 업무뿐만 아니라 다른 의료종사자의 업무까지 잘 알고 있다면 진료를 수행하는 데 도움이 될 거라는 생각은 들어요.

수간호사 및 책임간호사와 함께 기부자벽 앞에서

편 병원 내에서 이루어지는 협업, 함께 일하는 이야기를 들려주세요.

명 병원은 의사 한 사람의 힘으로 돌아가지 않아요. 제가 환자를 진찰했는데 몇 가지 검사가 필요하다고 가정해봐요. 그럼 혈액 검사실이나 영상의학과와 협업을 하지 않을 수가 없겠죠. 이 환자가 입원을 해야 한다면 당연히 간호과와 많은 접촉을 하겠고요. 간호사의 입장에서도 의사의 처방에 따라

생일을 축하해 준 암예방검진센터 간호사들과 함께

실행을 하는데 문제가 생길 경우 당연히 우리와 소통이 필요할 것이고요. 협업은 기본이죠.

편 가정의학과의사가 주로 사용하는 의료 도구에는 어떤 것들이 있나요?

명 가정의학과 전문의라고 해도 개인마다 관심분야가 다르겠죠. 피부과에 관심이 많아 피부과 전문의 수준의 치료를 하는 의사도 있겠고, 성형을 하는 의사도 있어요. 그런 분들의 경우 특정 진료 분야에 맞는 의료 도구를 사용하겠지만, 개인 의원을 경영하는 보통의 가정의학과의사들은 주로 내과적인 질환을 다루기 때문에 청진기와 혀를 누르고 고정하는 설압자, 혀 안쪽을 밝게 비추는 펜라이트, 고막을 보는 이경 등을 사용하고 있죠. 더불어 이엔티 유닛*과 이엔티 체어**, 점을 포함한 피부과 질환의 치료에 사용되는 레이저 기기를 구비한 곳도 많고요. 저 역시 고혈압이나 당뇨, 이상지질혈증, 비만 등과 같은 내과적인 질환을 주로 보기 때문에 이 외에 특별한 도구가 필요하지는 않아요.

---

* 이엔티 유닛(ENT Unit): 이비인후과 질환을 치료할 때 쓰는 각종 스프레이와 석션기가 장착되어 있는 장치

** 이엔티 체어(ENT Chair): 귀, 코, 입을 관찰하고 시술하기 편하도록 환자가 앉는 의자

언제부터 어떻게 이 직업이 생겼는지 궁금해요.

편 언제부터 어떻게 이 직업이 생겼는지 궁금해요.

명 상식적으로 생각해보면 의사의 역할을 하는 사람은 아주 오래전부터 있었겠죠. 이 질문을 받고 검색해보니 고대 인류인 네안데르탈인 때부터 의학적 치료를 했다는 기록이 있더라고요. 현생 인류와 가장 가까운 선조가 네안데르탈인이잖아요. 그들 중에는 누군가 아프거나 다치면 풀잎 등의 식물을 이용해 치료를 하는 사람이 있었다고 해요. 기원전 7,000년 전에는 치과 치료를 했다는 기록도 있고요.

편 최초의 의사 또는 최초의 가정의학과의사가 누구인지 아세요?

명 기록에 의하면 처음으로 피라미드를 세운 이집트의 재상 임호테프Imhotep가 최초의 의사라고 해요. 임호테프는 당시 신의 경지에 이른 의술로 명성을 떨쳤으며, 의사뿐만 아니라 문필가, 천문학자, 수학자, 철학자로도 활동한 다재다능한 사람이었다고 하네요. 우리나라 최초의 가정의학과의사는 윤방부 박사로 알려져 있어요. 국내에 가장 먼저 가정의학을 도입하

였으며, 대한가정의학회 초대이사장, 세계가정의학회 부회장
등을 역임하셨죠.

외국의 가정의학과의사와 다른 점이 있을까요?

📱 외국의 가정의학과의사와 다른 점이 있을까요?

📱 외국의 가정의학과의사를 마주칠 일이 많지 않아서 잘은 모르지만, 영국이나 미국 같은 경우 주치의 개념이 어느 정도 확립되어 있다는 것이 가장 다른 점이 아닐까 싶어요. 그런 나라는 주치의 개념이 확고한 편이라 동네 의원이 활성화되어있죠. 반면 우리나라는 주치의 제도를 표방하고는 있지만 실상은 그렇지가 못한데요. 제가 보기에 활성화되지 못하는 가장 큰 이유는 어떤 동네를 가보건 가정의학과 외에도 내과나 이비인후과, 소아청소년과가 많기 때문이에요. 우리 몸에서 흔히 발생하는 가벼운 질환을 치료하러 굳이 상급종합병원까지 갈 필요는 없겠죠. 대부분 1차 병원 즉, 의원급에서 해결하면 되는데, 증상에 따라 전문의를 찾다 보니 주치의 제도를 확립하기가 어렵게 되었어요. 예를 들어 귀나 코가 아프다거나 피부에 문제가 있을 때 반드시 해당 전문의가 먼저 볼 필요는 없어요. 단순하고 가벼운 질병은 가정의학과의사가 봐도 충분하니까요. 보다 전문전인 치료를 요하는 경우 2차 혹은 3차 병원의 내과나 피부과, 소아청소년과로 전원하면 되

고요. 1차 병원은 대부분 가정의학과로 구성해도 무방하다는 것이죠.

그리고 우리나라의 가장 큰 문제 중 하나가 상당히 낮게 책정된 의료수가인데요. 건강보험이 처음 만들어졌을 당시 의료수가가 원가의 70% 정도로 낮게 책정되었는데, 그게 아직까지 이어지다 보니 급여(보험)환자만 진료한다면 환자를 볼수록 손해를 보는 구조죠. 그래서 의사들은 비급여 진료를 할 수밖에 없는데, 그런 진료가 반드시 필요한 것은 아니라 과잉진료 문제가 발생하게 돼요. 또한 낮은 의료수가로 인해 병원의 문턱이 낮아져 굳이 병원에 오지 않아도 되는 사람까지 병원을 찾게 만들어요. 예를 들어 열이 좀 있는 경우 약국이나 편의점에서 해열제를 사다 먹어도 되는데 병원에 가는 것이죠. 결과적으로 의사는 매우 많은 환자를 봐야 하기 때문에 환자당 할애 가능한 시간이 짧아질 수밖에 없어요. 외국의 경우 웬만하면 병원을 찾지 않아요. 머리가 아프거나 감기 증상이 있어도 참다가 증상이 심해지는 경우에나 병원에 가죠. 의료수가가 높게 책정되어 있어 병원비가 비싸기 때문이에요. 우리나라도 의료수가를 현실에 맞게 인상할 필요가 있어요. 그래야 의사들이 쓸 데 없는 비급여 진료를 하지 않게 되겠죠. 환자 입장에서도 꼭 필요한 양질의 진료만을 받을 수 있는 것이고요.

박사님, 의료수가가 뭐예요?

의료수가란 환자가 의료기관에 내는 본인부담금과 건강보험공단에서 의료기관에 지급하는 급여비의 합계를 말해요. 일반적으로 치료 원가에 의사, 간호사 등 보건의료인의 인건비, 전기료 등 의료기관 운영에 따른 부대비용을 합친 금액을 기준으로 결정되는데요. 우리나라의 경우 원가에도 못 미치는 매우 낮은 금액으로 책정되어 있죠. 이를 현실에 맞게 올려야 하는데, 의료수가의 인상은 국민들의 건강보험료 인상과 건강보험공단의 재정 부담으로 연결되는 만큼 협상이 수월하지가 않아요. 하지만 위에서 제가 말한 것들을 한 번 생각해보세요. 건강보험료가 인상되는 것을 부정적으로만 볼 이유는 없어요. 오히려 보다 나은 진료 환경과 양질의 진료를 제공받기 위해 꼭 필요한 일임을 알아줬으면 해요. 물론 국민들의 주머니에서 돈이 덜 나가고 국가가 대부분의 비용을 책임져주면 더할 나위 없이 좋겠지만요.

남녀 비율은 어떻게 되나요?

편 남녀 비율은 어떻게 되나요?

명 해마다 다르겠지만 제가 레지던트로 들어갔을 당시 총 12명을 뽑았는데 그중에 여자는 2명, 남자는 10명이었어요. 남자가 거의 80% 이상이었는데, 최근에 보니 20명 정도를 뽑으

2014년, 서울대학교 의예과 88학번 졸업 20주년 모임, 평창동 화정박물관

면 남자는 5명 이하더라고요. 남녀 비율이 역전돼 요즘은 여자 가정의학과의사가 더 많아요. 의대 정원만 봐도 서울대 의예과의 경우 제가 입학했을 당시엔 여자 동기들이 전체 210명 중 30~40명밖에 안됐었는데, 요즘은 반반 혹은 여자가 약간 많은 정도라고 하네요.

편 수요는 많은가요?

명 제가 레지던트에 지원할 당시인 1995년 말에만 해도 12명 정원에 경쟁률은 1.1 대 1 정도였어요. 지원자가 정원보다 한두 명 초과된 상황으로 그리 인기가 많진 않았었죠. 하지만, 그 후 5년에서 10년이 지나면서 경쟁률이 2 대 1 이상으로 상승했고, 가정의학과의 인기는 높은 편에 속하게 되었어요. 가정의학과를 전공으로 택한 경우 개업을 염두에 두고 선택한 사람이 많아 상당수가 개원의가 되고, 일부는 월급을 받는 의사, 즉 봉직의가 되는데요. 지금의 개원가 상황을 보면, 가정의학과 전문의뿐만 아니라 내과나 소아청소년과, 이비인후과 전문의들도 개인 의원을 운영하고 있죠. 그렇지만 향후 주치의 제도가 정착되고 가정의학과가 1차 병원의 기능을 상당 부분 담당하게 되면, 가정의학과의사의 수요가 폭발적으로 늘어날 전망이라 인기는 지금보다 훨씬 더 오를 거라 생각해요.

미래에도 필요한 직업인가요?

🔲 미래에도 필요한 직업인가요?

🔲 인공지능 기술의 발달로 인해 사라질 직업 명단에 의사 역시 올라가 있어요. 아주 먼 미래에는 그게 가능할지도 모르겠지만 당분간 인공지능 시스템이 의사의 모든 업무를 대체할 수는 없다고 생각해요. 인공지능의 정확성과 효능, 안전성에 대한 검증이 선행되어야 하니까요. 또한 의료 과실로 인한 환자의 사망 시 법적인 책임 문제가 있을 수 있는데요. 이에 대한 논의도 아직은 미비한 편이고요. 인공지능 기술이 빠르게 발전하고 있는 것은 부인할 수 없는 사실이에요. 그렇다고 인공지능을 지나치게 맹신하거나 반대로 그 영향력을 무조건 배척하는 것이 올바른 태도는 아니라고 봐요. 인공지능 시스템이 더 확산되기 전에 앞에서 말한 검증과 논의를 끝내는 한편 인공지능이 맡으면 더 효율적인 부분과 인간 의사가 맡아야만 하는 부분을 잘 구분하고, 공존하는 방향으로 나아가야겠죠.

미래를 대비해 우리는
어떤 준비를 해야 할까요?

편 실제로 국내에서는 인공지능 시스템인 왓슨이 도입되어 진료를 시작했어요. 기술이 발전한다면 앞으로는 더 많은 인공지능 기술이나 로봇이 의사를 대체할 것이고요. 그런 미래를 대비해 우리는 어떤 준비를 해야 할까요?

명 실제로 많은 병원의 영상의학과에서는 인공지능 프로그램이 의료 영상을 판독하고 분석하고 있어요. 아마도 인공지능 기술이 비약적으로 발전한다면 지금의 진단 기능을 넘어 의사를 대체할지도 모르겠어요. 하지만 여기서 주목해야 할 점은 의사의 업무를 대체할 수 있냐는 것이 아니라 의사의 '모든' 업무를 대체할 수 있냐는 것이죠. 의사는 한 가지 역할만 수행하지는 않아요. 일단 의학은 26개의 전문 과목으로 나누어져 있는데, 그들 각각의 역할이 모두 다르며 특정 전문 분야의 전문의가 되었다고 해서 한 가지 업무만 하는 것도 아니죠. 그렇기 때문에 인공지능이 의사의 일자리를 대체할 것인가가 아니라, 의사가 맡고 있는 세부적인 역할을 기준으로 접근할 필요가 있어요. 인공지능이 여러 산업 분야에 영향을 끼

치며 변화를 이끌어갈 것임은 분명해요. 그 영향이 의료 분야에도 미쳐 사라지는 의사의 업무 영역이 있다면 반대로 새로 발생하는 영역도 있을 거라고 생각해요. 물론 그대로 유지되는 업무도 있겠고요. 인공지능 기술이 모든 의사를 대체하는 것이 아니라 의사의 역할 일부를 대체할 것이며, 어떤 과는 사라지는 역할이 많을 수도 있고, 또 어떤 과는 사라지는 역할이 적을 수도 있는 것이죠. 그리고 우리는 사라질 것보다는 새롭게 맡게 될 역할에 집중해야 한다고 생각해요.

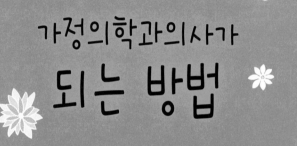

가정의학과의사가 되는 방법

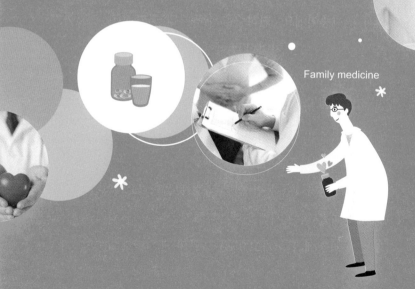

Family medicine

가정의학과의사가 되려면 어떤 과정이 필요한가요?

편 가정의학과의사가 되려면 어떤 과정이 필요한가요?

명 의사가 되려면 먼저 의대에 입학해야 하겠죠. 의대는 예과 2년과 본과 4년, 총 6년 과정으로 구성되어 있어요. 본과 4년간의 평균 학점이 각 학교의 최소 기준 이상이면 졸업이 가능하며, 졸업예정자에 한해 의사국가고시를 볼 수 있죠. 제가 다녔던 서울대 의대는 졸업이 가능한 최소 평균 학점이 2.0이었고요. 의사국가고시에 합격하면 의사면허증을 받게 되는데요. 이때 발급받는 것은 특정 분야가 정해져 있지 않은 일반의사 면허증이에요. 면허증을 취득하게 되면 의사로서 환자를 진료할 수 있는 자격이 주어져요. 의원이나 병원에 취직해 월급을 받는 봉직의 생활을 할 수도 있고, 개원의가 되어 직접 의원이나 병원을 운영할 수도 있죠. 보통 이렇게 의사면허증만을 취득한 의사를 '일반의'라고 하지요. 하지만 극소수를 빼고 거의 대부분은 전문의 자격을 취득하기 위해 의사면허증을 따자마자 1년 동안 인턴 과정에 들어가요. 인턴 과정이 끝나면 과를 정해 시험을 본 후 특정 전문의가 되기 위한 레지던트 과정에 들어가고요. 3~4년의 레지던트 과정을 거치

면서 주치의를 경험한 후 각 분야의 전문의 자격시험에 응시
해 합격하면 비로소 '전문의'가 되죠. 26개의 전문 과목 중 가
정의학과와 예방의학과, 결핵과는 레지던트 수련 기간이 3년
이에요. 전문의 중 가장 메이저 과인 내과의 경우 가정의학과
와 마찬가지로 2017년부터 레지던트 수련기간이 4년에서 3년
으로 단축되면서 2020년 봄에 첫 3년제 내과 전문의가 배출
된다고 해요.

편 예과에서는 어떤 과목을 배우나요?

명 예과 과정에서는 영어, 교양과목과 함께 생물, 일반화학,
유기화학, 세포생물학, 유전학 등 본과 공부의 밑바탕이 되
는 기초 자연과학을 배워요. 서울대 의예과의 경우 평균 학점
이 2.0을 넘지 못하거나 예과 2학년 2학기 때 F가 한 과목이
라도 있으면 본과에 올라가지 못해요. 다음 봄학기에 F가 나
온 과목을 재수강하고 가을학기는 그냥 쉬는 거죠. 저도 예과
2학년 2학기 때 F가 하나 나왔어요. 의학과 관련이 있는 자연
과학 과목도 아니고 F를 잘 주지 않는다고 알려져 있던 교양
과목인 철학개론에서 F를 받았으니 너무 어이가 없고 안타까
울 따름이었죠. 동기들은 다음 해부터 대학로에 있는 캠퍼스

로 옮겨 본격적으로 본과 수업을 받게 되는데 저는 동기들보다 1년이 뒤처지는 데다, 한 과목을 재수강하기 위해 한 학기 등록금을 다 내야 하고 가을학기에는 쉬어야 했으니까요. 당시 부모님까지 교수를 찾아가 시험도 봤고 리포트도 제출했는데 F는 너무 가혹하다며 조금이라도 점수를 올려달라고 부탁했죠. 그런데 담당 교수는 두 개의 주관식 시험 문제 중 한 문제는 제대로 쓰지 않았고, 나머지 한 문제는 수업에서 다룬 것과 다른 내용을 썼다고 '빵점'이라는 거예요. 칸트의 인과적 지식에 대해 논하라는 문제였던 걸로 기억하는데, 솔직히 수업 내용은 잘 기억이 나질 않아 학회 동아리 생활을 하면서 읽었던 칸트에 대한 책 내용을 썼던 것 같아요. 그래도 리포트를 냈으니 그걸 봐서 D로 올려주면 안 되냐고 부탁했지만 리포트는 제출기한을 하루 넘겼기 때문에 역시 '빵점'이라 안 된다고 하더군요. 자신은 교수 생활을 하면서 한번 줬던 학점을 바꿔준 적이 단 한 번도 없었고, 얼마 안 있으면 은퇴하게 되는데 이제 와서 그 전통을 깨기 싫으니 학점 변경은 절대 안 된다고 했어요. 결국 F를 받고 그다음 봄학기에 다른 교수가 개설한 철학개론을 수강했어요. F학점을 받았을 때보다 시험을 더 잘 본 것 같지는 않았는데 A학점을 받아 그다음 가을학기는 학기 내내 쉬고 그 이듬해 본과에 진입하게 되었죠.

편 본과에서는 어떤 과목을 배우나요?

명 지금 학생들이 배우는 과목이 제가 본과에 다녔을 때 배웠던 것과 약간 달라졌다고 하는데, 기본적인 과정은 비슷할 테니 당시 배웠던 과목을 소개해드릴게요. 본과 1학년 1, 2학기와 2학년 1학기 때는 기초의학을 배워요. 기초의학 과목에는 해부학과 조직학, 생리학, 생화학, 미생물학, 약리학, 병리학, 면역학, 기생충학, 예방의학 등이 있고요. 2학년 2학기가 되면 본격적으로 임상의학을 공부하기 시작하죠. 이때 같은 계통의 장기에서 발생하는 다양한 질병에 대해 원인과 증상, 진단, 치료, 예후 등의 내용을 집중적으로 배우게 되는데, 대개 1~2주 동안의 블록 강의로 진행돼요. 예를 들어 소화기학이나 호흡기학, 순환기학, 혈액학, 신경학, 내분비학 등의 강의를 월요일부터 금요일까지 하루에 8시간씩 듣는 거죠. 그리고 주 중에 배운 내용을 토요일에 시험으로 평가하는데요. 굉장히 많은 분량을 공부하고 시험을 봐야 하기 때문에 2학년 2학기는 매우 힘든 시기예요.

그 시기를 무사히 보내고 3학년이 되면 본격적으로 임상의학 실습을 하죠. 임상의학은 환자, 즉 살아있는 사람을 대상으로 진료하는 의학으로 앞서 이야기한 기초의학과 대비되는 개념이에요. 3학년 때는 주로 내과와 외과, 산부인과, 소아청소년과 등의 메이저 임상 과목의 실습을 하게 되는데요. 강의실뿐만 아니라 부속병원의 외래, 병동, 수술실 등에서도 진료를 체험할 수 있어요. 병동을 돌면서 교수가 진료하는 모습을 보거나 직접 교수로부터 가르침을 받으며 환자와 상담도 하고 차트도 작성해보면서 경험을 쌓는 것이죠. 외과 같은 경우 수술이 있으면 수술복을 입고 직접 들어가서 참관도 하고요. 4학년이 되면 마이너 임상 과목을 공부하는데, 마이너 과목에는 영상의학과와 재활의학과, 피부과, 성형외과, 안과, 가정의학과, 신경외과, 비뇨기과, 방사선종양학과, 지역사회의학 등이 있어요.

편 의사국가고시는 어떤 시험인가요?
명 앞서 얘기했듯이 의대 6년 과정을 모두 마치면 의사국가고시에 응시할 수 있는 자격이 주어져요. 시험과목을 보면 3학년에서 배우는 메이저 과목과 4학년에서 배우는 마이너 과목에 2009년부터 임상실기평가라는 것이 도입되어 필기시험과 더불어 실기시험도 봐야 하죠. 합격률은 대개 90% 이상이고, 의사국가고시에 합격하면 의사면허증을 받을 수 있으며, 이때부터 환자를 볼 수 있는 진료의 자격을 얻게 돼요.

저는 예과 2년 동안 수업보다는 노래패 '소리'라는 민중가요 동아리 활동이나 학생운동에 더 관심이 많았어요. 2학년 때는 예과 학생회장까지 맡아 공부를 많이 하지 못해 성적이 하위권에 머물렀고요. 본과에 올라가서도 동아리와 학생회 활동을 하느라 성적이 좋지 않았죠. 그러다 1990년 동독이 서독에 흡수 통일되고, 구 소련에서 개혁 정책을 시행하는 등 공산국가들의 자본주의화와 자유화가 진행되었는데요. 그러한 일련의 일들이 우리나라 운동권에도 영향을 미쳐 학생운동이 쇠퇴하게 되었어요. 그런 분위기를 타 저 역시 학생회 활동에 할애하는 시간이 줄어들었죠. 동아리와 학생회 활동을 했던 시간에 공부를 하고 수업을 열심히 들었더니 성적이 조금씩 오르기 시작했어요. 그러던 중 제 어릴 때 꿈 중 하나인 개그맨을 뽑는 대학개그제가 KBS에서 열렸어요. 그때까지만 해도 그 꿈에 미련이 남아있던 터라 동아리 후배이자 현재 이대병원 산부인과 주웅 교수를 꾀어 KBS 대학개그제에 지원했고, 결국 본선까지 진출해 설날특집으로 전국에 방송이 되었죠. 본선 입상에는 실패했지만 바로 SBS 구성작가에 지원해 최종 합격했고 의대에 다니면서 개그작가로도 일하게 되었어요. 다른 일까지 하느라 공부할 시간이 빠듯했지만 졸업 최소 기준 학점인 2.0을 간신히 넘겨 졸업은 할 수 있었죠. 졸업을 했으니 의사국가고시를 봐야 하는데, 당시 시험의 난이도가 이전과는 비교할 수 없을 정도로 높아져 90%인 합격률이 65%대로 떨어졌어요. 전국에 있는 많은 학생들이 불합격해 의사면허증을 받지 못했는데요. 그럼, 저는 어떻게 되었을까요? 예상과 달리 합격했는데, 주위에서는 이번 시험은 어렵다기보단 '변별력'이 낮아 공부를 잘하는 사람과 못하는 사람을 구분할 수 있는 능력이 확실히 떨어진 것 같다는 반응이었죠.^^

편 전문의 자격시험을 보려면 먼저 전공을 선택해야 하잖아요. 전공은 언제쯤 선택하게 되나요?

명 의대에 입학하면서부터 어렴풋이 생각을 하다가 일반적으로 3, 4학년 때 임상의학 실습을 하며 몇몇 과를 후보로 놓게 되죠. 졸업 후 대학병원에서 1년간의 인턴 과정을 거치는데, 이때 여러 과를 한 달씩 돌아보고 적성과 성적 등 본인의 상황을 고려해 최종적으로 결정하게 되고요. 인턴 기간은 1년 밖에 되지 않지만 전공은 총 26개 과목이기 때문에 반 이상은 경험하지 못하게 되지만요. 저도 몇 가지 전공을 고려하다 고민 끝에 처음엔 외과를 생각했는데, 몇 가지 이유 때문에 최종적으로 가정의학과에 지원했어요. 당시 경쟁이 많이 치열하진 않아 바로 합격했고요.

편 나이 제한이 있나요?
명 일반적으로 나이 제한은 없어요.

편 남자의 경우 전문의 자격을 취득한 후에 군대에 가게 되나요?
명 일부는 인턴 1년 과정을 마치고 군대에 다녀온 후 레지던트 과정을 밟기도 하지만, 대부분은 인턴 1년 및 레지던트 3~4년 과정을 마치고 전문의 자격을 취득한 후에 군대에 가게 되죠. 저 역시 1999년 2월에 전문의 자격을 취득하고, 장교 임관을 위한 8주간의 군사훈련을 받았어요. 훈련이 끝나 대위로 임관을 했고, 국군원주병원으로 배치를 받아 2년 동안 그곳에서 가정의학과 및 신체검사과 과장으로 군의관 생활을 했죠. 군의관 3년째에는 서울 근교로 지원을 해서 57사단 의무중대 군의관으로 남은 1년을 보냈어요. 저처럼 군의관으로 복무하지 않는 경우는 공중보건의로 복무해야 하죠. 이렇게 군 의무복무를 마쳐야 비로소 개원이 가능하고요.

편 군의관과 공중보건의는 어떻게 다른가요?

명 군의관은 군대 내에서 보건이나 방역, 진료 업무를 담당하는 장교로 임관된 의사를 말해요. 공중보건의는 병역의무 대신 3년여 동안 농어촌 등 보건 의료가 취약한 곳에서 공중보건 업무에 종사하는 의사를 말하고요. 군 입대 전 신체검사를 하잖아요. 보통 신체검사 결과가 1급이나 2급에 해당되면 군의관이 되고, 3급 이하에 해당되면 공중보건의가 돼요.

개원의가 되는 과정을 알려주세요.

편 개원의가 되는 과정을 알려주세요.

명 개원의란 본인 이름으로 의원이나 병원을 설립하고 직접 운영하는 의사를 말하는데, 전문의가 되면 많은 경우 개원의가 되죠. 혼자서 개원하기도 하고 여러 명이 함께 개원하기도 하는데, 후자의 경우 한 의원에서도 원장이라는 호칭을 여러 명이 사용하게 돼요. 개원의가 되지 않는 나머지는 월급을 받는 봉직의가 되거나 교수, 연구원, 보건 관련 기관의 공무원이 되고요.

그럼 개원의가 되는 과정에 대해 얘기해볼까요? 우선 개원의가 되려면 병원을 설립해야 하니 돈이 필요하겠죠. 대개는 은행에서 개업을 위한 의사 신용대출로 개업 비용을 마련해요. 비용이 준비되면 병원이 들어설 자리를 선택하고 인테리어를 하죠. 이후 진료를 위한 각종 의료기구나 재료, 물리치료를 위한 침대, 이엔티 유닛과 체어, 점 등을 제거하는 레이저기기 등을 구입해 설치하고요. 다음으로 보건소에 의료기관 개설허가를 신청해요. 허가가 나면 사업자등록을 하고, 진료비 결제를 위한 현금영수증 및 카드 단말기를 설치하죠. 마지막으로 의료급여를 받기 위해 요양기관 개설신고를 하면 개원의이자 동시에 개인 의원 원장이 되지요. 참고로 전문의가 아니더라도 의사 자격증만을 취득한 일반의 역시 개원이 가능해요. 앞서 의대를 졸업하고 의사국가고시에 합격하면 의사면허가 나온다고 했잖아요. 그 후 보통은 인턴과 레지던트 과정을 거친 후 전문의 자격을 취득하지만 그렇게 하지 않아도 개업은 가능하다는 것이죠. 일반의가 운영하는 의원의 경우 간판에 'ㅇㅇ의원'이라는 이름을 넣고, '진료과목'에 내과나 성형외과 등을 표기할 수는 있어요. 하지만 의원 이름을 'ㅇㅇ내과 의원', 'ㅇㅇ성형외과 의원'으로 쓰면 의료법 위반이 되죠. 일반의가 성형외과 진료를 할 수는 있어도 의료법상 전문의가 아니기 때문에 'ㅇㅇ성형외과'라고는 쓸 수 없는 거예요.

제 경우 군 의무 복무를 마친 후 개업을 할지 봉직의가 될지 고민을 많이 했어요. 지금도 그렇지만 당시에도 개원을 하게 되면 그게 마지막 기회가 될 거라는 말들이 많이 돌았죠. 시간이 지날수록 더 많은 의사가 배출될 테니 개업을 나중으로 미룰수록 경쟁은 더 심해질 테니까요. 가진 돈은 없었지만 지금이 아니면 안 될 것 같아 은행에서 의사 신용대출을 받아 개원을 준비했어요. 개원해서 성공하기 위한 조건 세 가

2002년, 서울시 관악구 봉천동에 개원했었던 〈명승권가정의학과 의원〉 원장실에서

지는 바로 입지, 자리, 목이라는 우스갯소리가 있을 정도로
의원이 들어설 자리는 매우 중요한데요. 저 역시 좋은 목을
찾아 병원이 들어설 자리를 여러 군데 알아보았는데, 관악구
에 새로 들어선 5천 세대 아파트 단지가 눈에 들어왔어요. 아
파트 상가에는 이미 내과와 소아과, 이비인후과가 개업 중이
었고, 맞은편 언덕에는 신축 중인 상가건물 두 개가 있었죠.
신축 상가에 또 다른 의원이 들어오지는 않는지 공인중개사
사무소에 문의했는데 알려주지 않더라고요. 아마도 다른 의

원이 들어온다고 하면 경쟁을 피해 임차를 하지 않게 될까 봐 그런 것이겠죠. 고민을 거듭하다 결국 그중 하나의 신축 상가 3층을 계약했어요. 건물이 완성되고 개원을 했는데, 이게 웬 걸? 아래층에는 이비인후과가, 옆 건물에는 내과와 소아과, 한의원이 들어오더라고요. 제 의원을 포함해 5개 의원이 동시에 개원을 한 거예요. 이 의원들이 모두 비슷한 질병을 보는 터라 환자를 유치하기 위한 보이지 않는 전쟁이 시작되었죠.

학창시절에 어떤 준비를 하면 좋을까요?

편 학창시절에 어떤 준비를 하면 좋을까요?

명 다른 나라도 비슷하겠지만 특히 우리나라의 경우 수십 년 전부터 의대의 인기가 높았고, 성적이 높은 학생들이 주로 의대에 지원하고 있죠. 그러니 우선은 고등학교 때 공부를 착실하게 하는 것이 필요해요. 하지만 더 중요한 것은 내가 왜 의사가 되어야 하는지, 어떤 의사가 될 것인지 나름의 생각을 정리해 나가는 것이에요. 어떤 가치를 가장 먼저 앞세워야 할지 고민하는 시간은 반드시 필요하죠. 의사가 되기까지의 길은 짧지 않아요. 예과 2년, 본과 4년, 인턴 1년, 레지던트 3~4년을 거쳐야 하죠. 일반적으로 타 대학의 다른 과보다 공부해야 할 양도 많고 시험도 많아 스트레스가 많은 편이고요. 결코 쉽지 않은 길이지만 자신이 추구하는 가치와 생각이 확고하다면 덜 흔들릴 거라 생각해요. 의사가 된 후에도 자신이 하는 일에 어떤 의미가 있는지 안다는 것은 아주 중요한 기반이 될 것이고요.

한 가지 더 얘기하자면, 의사는 사명감과 책임감을 필요로 하는 직업이에요. 의원을 경영하면서 환자에 대한 사명감이나 책임감 따위는 안중에 없고 돈을 버는 것만을 최고의 가치로 생각하게 된다면, 이익이 되는 일이라면 근거 없는 치료도 남발하게 될 거예요. 의사가 되려는 학생이라면 근거에 기반한 올바른 진료를 행하고, 잘못된 의학정보나 지식에 대해 지적하는 것이 의사로서의 사명이고 책임이라는 생각을 갖는 게 무엇보다 중요하다고 생각해요. 앞서 아인슈타인이 말한 '성공한 사람이 되기보다는 가치 있는 사람이 되려고 노력하라'는 말과 일맥상통하는 내용이죠.

■ 의사가 되려면 공부를 어느 정도로 해야 하나요?

■ 요즘 의대에 입학하려면 모의고사 평균등급이 1등급은 되어야 하며, 내신은 1점대 초반이 되어야 한다고 해요. 올해 의대 정시 합격 결과를 보면 최상위권인 서울대 의대의 경우 300점 만점인 국어·수학·탐구영역의 합격선은 294점인 것으로 나타났어요. 절대평가인 영어영역은 1등급이어야 했고요. 저의 경우를 보면, 중학교 1학년이 되자마자 모의고사를 봤는데, 국어와 영어, 수학에서 평균 90점 이상을 받아 60~70명 정도였던 저희 반에서 10등 안에 들게 되었어요. 나름대로 만족하고 있었는데, 한 친구가 자기는 97점인가를 받

았다고 대놓고 자랑을 하는 거예요. 잘난척하는 친구를 보니 승부욕이 발동했고, 그 친구를 이겨보고 싶어졌죠. 게다가 성적이 좋으면 아버지가 시계를 사준다고 하셔서 더 열심히 공부했어요. 중간고사 시험 기간에는 낮 동안 3~4시간 정도만 자고 밤을 새워 공부했고요. 그랬더니 반에서 1등을 했죠. 남에게 지기 싫어하는 성격이라 그 친구를 이겼다는 기쁨이 굉장히 컸고, 공부에 점점 재미도 붙어서 그 뒤로도 계속해서 열심히 공부하게 되더라고요. 덕분에 2학년 말까지 반에선 거의 1등을 했고, 전교에선 5~10등 안에 들었죠. 저희 때는 고등학교에 올라가기 위해 연합고사를 봤는데요. 195점을 받아 고등학교에 입학할 때는 전교 7등으로 들어갔어요. 고등학교 3년 동안 전교 10등 안쪽으로 성적을 유지했고요.

편 동기부여가 무엇보다 중요하죠. 그 마음가짐이 계속 유지되는 것이 쉽지는 않았을 것 같아요.

명 중학교 때부터 부모님께서는 제가 의사가 되길 바라셨어요. 그 영향인지 저도 커가면서 의사가 되어야겠다는 생각을 하게 되었고, 이왕이면 우리나라에서 가장 좋다는 서울대 의예과에 들어가겠다는 목표를 세웠죠. 당시 서울대 의예과에 들어가려면 현재의 수학능력시험과 같은 학력고사에서 340점 만점에 310~315점 이상은 되어야 했는데, 모의고사를 보면 예상 점수가 310점 정도였어요. 애매한 상황이었죠. 결국 1987년도에 치른 실제 시험에서 297점을 받는 바람에 서울대 의예과는 포기할 수밖에 없었어요. 다른 대학의 의예과를 생각했지만, 고등학교 측에서는 서울대 치의예과를 강력하게 권했어요. 서울대를 한 명이라도 더 보내기 위한 생각이었겠죠. 그런데 자의반 타의반으로 지원한 서울대 치의예과 역시 몇 점 차이로 떨어지게 되었어요.

서울대 의예과를 목표로 재수를 결심하며 마음을 다잡았고, 굉장히 열심히 공부했어요. 학력고사 1개월 전부터 모의고사를 자주 봤는데, 잘 봤을 때는 320~330점까지 나왔지만 못 봤을 때는 310점대에 머물기도 했어요. 그런 상황이라 부모님뿐만 아니라 큰형님과 형수까지 모여 가족회의를 하게 되었죠. 저를 제외한 가족들은 서울대는 좀 불안하니, 연세대나 고려대, 가톨릭대로 낮추는 게 좋겠다는 의견을 냈어요. 하지만 저는 이번에도 떨어지면 군대에 다녀와서라도 다시 도전하겠다며 서울대의 꿈을 접지 않았어요. 결국 고집을 꺾지 않은 덕분에 목표했던 서울대 의예과에 합격하게 되었죠. 만약 당시 가족들의 권유대로 다른 학교에 지원했다면 후회를 했을 것 같아요. 어떤 의대를 가건 의사가 될 수 있지만, 정해놓은 목표를 위해 최선을 다하고 과감하게 도전하는 것이 저에겐 중요했거든요.

'전화위복轉禍爲福', '새옹지마塞翁之馬'라는 고사성어와 같이 불행한 일이 행복으로 바뀌거나 나쁜 일이 있으면 좋은 일도 있는 것처럼, 첫해에는 자의반 타의반으로 지원한 서울대 치의예과조차 떨어졌지만, 재수를 해 그토록 꿈꿔왔던 서울대 의예과에 들어가게 되었어요. 여러분에게도 실패를 하더라도 그 한 번의 실패에 절대 기죽지 말고 힘을 내 다시 도전하라는 얘기를 해주고 싶어요.

편 대학생으로 돌아가게 된다면 경험해보고 싶은 것이 있나요?

명 저는 대학교에 다닐 때 여러 가지 활동을 했어요. 워낙 다방면에 관심이 많았거든요. 사회현실에 관심이 많아 학생운동도 했고, 학생회 회장으로도 활동했고, 민중가요 동아리와 보디빌딩 동아리, 진료 동아리에 가입해서 활동하기도 했죠. 지금 다시 대학생이 된다면 더 하고 싶은 게 뭘까요? 음,

문학 동아리에 가입하고 싶네요. 젊었을 때로 돌아간다면 그 때부터 책을 많이 읽고 글 쓰는 연습을 해서 글쓰기 실력을 닦고 싶거든요. 또 하나는 영화 제작과 관련된 공부예요. 영화나 방송과 같은 영상 분야는 언제나 흥미로워요. 전에 단역으로 출연한 적이 있었는데, 에너지 넘치는 촬영 현장을 보면서 나도 나만의 이야기를 만들고 싶단 생각이 들었죠. 이 두 가지를 합쳐서 좋은 각본을 하나 쓴 다음 영화로 만들어봤다면 좋았겠네요.

어렸을 때 의사 말고 다른 장래희망이 있었나요?

편 어렸을 때 의사 말고 다른 장래희망이 있었나요?

명 저는 어렸을 때부터 장래희망이 여러 가지였어요. 초등학교 5, 6학년 때에는 만화 그리는 것을 좋아해 만화가의 꿈을 가졌었죠. 같은 반에 만화를 잘 그렸던 심상묵이란 친구가 있었는데, 서로 만화를 그리면서 경쟁 아닌 경쟁을 하기도 했죠. 그 친구가 저보다 그림을 더 잘 그렸었는데 결국 디자인을 전공했더라고요. 키가 작고 왜소하다 보니 근육을 키워 보디빌더가 되고 싶은 적도 있었죠. 또 초등학교 5학년 무렵부터 교회에 다니면서 형들의 영향을 받아 기타를 배우고, 중학생이 되어서는 중창단도 만들어 활동했는데요. 그렇게 악기를 연주하고 노래를 하면서 가수의 꿈을 키우기도 했어요.

또 하나의 꿈이 있었는데, 바로 개그맨이었죠. 제가 중학생 때였던 것으로 기억하는데, 당시 MBC에서는 젊은 층을 대상으로 한 〈영11〉이라는 버라이어티쇼를 하고 있었어요. 그중에 개그맨 이홍렬 씨가 여러 명의 목소리를 내면서 변사 역할을 하고, 당시 신인 개그맨이었던 이경규 씨가 주인공을 맡아 연기하던 코너가 있었어요. 유명한 소설 등을 패러디해

보어줬는데, 너무 재미있어서 〈장발장〉을 주제로 한 내용을 녹음해 듣고 또 들었어요. 그 내용을 통째로 외워 학교나 교회의 장기자랑 시간이면 친구들 앞에 나가 변사 역할을 해 인기가 많았었죠. 의대에 들어간 후에도 선후배와 동기간의 친목을 다지기 위한 MT나 농촌봉사활동에서 그 내용으로 공연을 하기도 했어요.

그러던 중 1993년 12월경에 TV를 보다가 KBS에서 대학개그제 참가자를 모집한다는 광고를 보게 되었어요. 앞서 잠깐 얘기했었죠? 저보다 훨씬 웃기고 재미있었던 동아리 후배에게 같이 나가보자고 제안했어요. 1차 예선은 개그 원고 대본 심사였는데, 중학교 때부터 암기하고 있었던 〈장발장〉의 대본을 각색해 제출했고 합격했죠. 한 개그 지망생이 개그 자격증을 훔친 죄로 옥살이를 하다, 출옥 후 유명 코미디 프로그램 PD를 만나 개그맨으로 성공하게 된다는 내용이었어요. 2차 예선은 코미디 프로그램 PD와 개그맨 심사위원 앞에서 1~2분의 짧은 시간 동안 연기를 하는 것이었는데, 2차 예선도 통과해 본선에 진출했어요. 본선 경쟁은 1994년 2월 10일 설날특집으로 전국에 방송되었고, 입상에는 실패했지만 여전히 소중한 추억으로 남아 있죠. 개그맨이 되는 건 실패했지

OBS 〈닥터's 건강의 정석〉 출연 후 패널들과 함께. 왼쪽부터 나해란 정신건강의학과 교수, 정일채 의사 겸 변호사, 주웅 산부인과 교수, 김형규 최초 VJ겸 치과원장

만, 바로 다시 SBS 구성작가 모집에 지원해 합격했고 5개월 정도 개그작가 생활을 했어요. 이런 경험들이 현재 방송에 출연해 의학 지식을 전달하는데 많은 도움이 되고 있다고 생각해요.

외국어를 잘해야 하나요?

편 외국어를 잘해야 하나요?

명 의대에서는 영어로 된 원서로 공부를 하니 기본적으로 영어는 잘 하는 것이 좋아요. 영어뿐 아니라 다른 외국어도 잘하면 좋겠죠. 환자 중에는 한국어와 영어를 사용하지 못하는 외국인도 있는데, 그분들의 언어를 알고 있다면 통역 없이도 증상을 이해할 수 있고 서로 소통할 수 있으니까요. 사실 우리나라 고등학교에서 3년 동안 배우는 영어의 수준이면 의대에서 공부하는데 모자라거나 불편한 것은 없어요. 그렇긴 하지만 제가 고등학교에서 배웠던 영어가 문법 위주라 상대적으로 생활영어에 취약하다고 생각했어요. 회화 중심으로 다시 공부해야 할 필요성을 느꼈지만 인턴과 레지던트일 때는 따로 시간을 마련하기가 쉽지 않았죠. 그 뒤로도 조금씩 공부를 하긴 했지만 결국 국립암센터에 들어온 지금 영어 공부를 가장 열심히 하고 있네요.

어떤 자질을 갖추어야 하나요?

편 어떤 자질을 갖추어야 하나요?

명 글쎄요. 의사가 되기 위해서 반드시 가져야 할 자질이나 조건이 따로 명시되어 있지는 않아요. 하지만 몇 년 전부터 문제가 되고 있는 쇼닥터의 측면에서 봤을 때, 의사는 자신의 경제적 이득 등을 목적으로 임상적 근거가 없거나 불충분한 의학 지식을 전달하는 행위를 해서는 안 되며, 대중에게 올바른 의학 지식을 전달하겠다는 책임감과 사명감을 가져야 한다고 생각해요. 이를 위해서는 의사면허증과 전문의 자격증을 취득하고 아무리 많은 임상경험을 했다 하더라도 계속해서 새로운 의학 지식을 습득하려는 노력과 성실함이 뒷받침되어야 한다고 생각하고요.

의사의 꿈을 키우는 학생이라면 의대생들이 졸업식에서 낭독하는 선서의 내용을 미리 알고 있다면 좋을 것 같아요. 예전에 주로 사용되었던 〈히포크라테스 선서〉는 고대 그리스 의사이자 '의학의 아버지' 혹은 '의성'이라 불리는 히포크라테스가 만든 의학 윤리 지침서예요. 현재는 〈히포크라테스 선서〉를 현대적으로 개정한 〈제네바 선언〉이 주로 낭독되고 있죠. 한국어판은 몇 가지가 있는데 아래 내용이 가장 흔하게 알려져 있는 것이에요.

〈제네바 선언〉
이제 의업에 종사할 허락을 받음에,
나의 생애를 인류 봉사에 바칠 것을 엄숙히 서약하노라.
나의 은사에 대하여 존경과 감사를 드리겠노라.
나의 양심과 품위를 가지고 의술을 베풀겠노라.
나는 환자의 건강과 생명을 첫째로 생각하겠노라.
나는 환자가 나에게 알려준 모든 것에 대하여 비밀을 지키겠노라.
나는 의업의 고귀한 전통과 명예를 유지하겠노라.
나는 동업자를 형제처럼 여기겠노라.
나는 인종, 종교, 국적, 정당 관계 또는 사회적 지위 여하를 초월하여 오직 환자에 대한 나의 의무를 지키겠노라.
나는 인간의 생명을 그 수태된 때로부터 더없이 존중하겠노라.
나는 비록 위협을 당할지라도 나의 지식을 안도에 어긋나게 쓰지 않겠노라.
나는 자유의사로서 나의 명예를 걸고 위의 서약을 하노라.

어떤 성격을 가진 사람들이 적합한가요?

편 어떤 성격을 가진 사람들이 적합한가요?

명 특별히 어떤 성격을 가진 사람들이 의사가 되는데 적합하다고 얘기하기는 어려워요. 어떤 직업이든 그 일을 하고 있는 사람들의 성격은 제 각각이며, 실제 제가 본 의사들 역시 매우 다양한 성격을 갖고 있죠. 물론 과에 따라 비슷한 성격을 보이는 경우도 있어요. 제 개인적인 생각이지만, 내과나 가정의학과의 경우 환자들과 상담을 많이 해야 해서 그런지 차분하거나 순한 성격을 가진 분들이 많이 있더라고요. 반면 외과나 정형외과, 신경외과, 흉부외과 등 수술을 많이 하는 과의 경우 활발한 분들이 많고요. 이것도 반대인 경우가 적지 않지만 말이죠. 의사의 꿈을 가진 학생 중에는 환자와 직접 대면하지 않는 일을 선호하는 경우도 있을 거예요. 그런 경우라면 조직학적 진단을 담당하는 병리학과나 각종 검체를 이용한 진단검사를 담당하는 진단검사의학과, 영상판독과 영상을 이용한 중재시술을 담당하는 영상의학과, 수술실에서 마취제를 투여하고 마취를 관리하는 마취통증의학과 등을 고려해보는 것도 좋겠네요.

유학이 필요한가요?

편 유학이 필요한가요?

명 의과대학 혹은 의학전문대학원에서 소정의 학업을 마친 후 의사국가고시에 응시해 합격하면 의사로 일할 수 있어요. 유학이 반드시 요구되는 것은 아니죠. 특히 진료 업무를 주로 하는 개원의나 봉직의의 경우에는 대게 유학이 필요하지 않아요. 의대 교수인 경우 필수는 아니지만 유학이나 연수를 가기도 해요. 보통 교수로 임용되고 난 후 몇 년이 지나면 1~2년 정도로 해외의 대학이나 연구기관으로 연수를 보내주거든요. 일종의 단기 유학이라고 볼 수 있죠. 그곳에서 방문교수 혹은 방문학자의 자격으로 병원의 임상진료에 참여 또는 참관하거나 연구소 실험실에서 세포실험이나 동물실험에 참여하는 경우가 많아요.

저 같은 경우 2008년 3월부터 2009년 2월까지 1년 동안 방문학자 자격으로 미국 캘리포니아주에 있는 UC 버클리 보건대학원 소속 '가족 및 지역사회 보건센터 연구소'로 연수를 다녀왔어요. 이 연구소에서는 지역사회 한인을 대상으로 금연 등을 통한 질병예방 및 정책과 관련한 역학연구를 주로 시행했는데, 저도 그 연구에 참여했었죠. 더불어 매일 연구소에 출근해 동료 연구원들과 메타분석을 이용한 연구를 시행한 덕분에 2009년 한 해 동안에만 국제학술지에 여러 편의 메타분석 논문을 발표할 수 있었고요. 임상의사인 저로서는 정말 오랜만에 진료의 일상에서 벗어나 마음껏 연구할 수 있는 좋은 기회가 되었죠. 연수를 가족과 함께 가는 분들이 많은데, 그런 경우 아이들에게도 외국의 문화와 교육을 경험할 수 있는 좋은 기회가 된다고 생각해요.

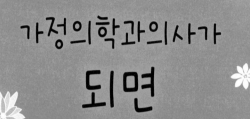

가정의학과의사가
되면

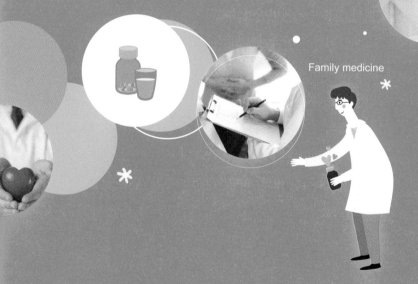

Family medicine

연봉은 어느 정도인가요?

편 연봉은 어느 정도인가요?

명 전문의 자격을 취득하고 나면 경력이 쌓여감에 따라 연봉은 계속해서 올라가죠. 개인 의원이나 병원에 취직해 급여를 받는 봉직의의 경우 서울과 지방으로 나눠 본다면 일반적으로 서울보다는 전문의 수가 부족한 지방의 급여가 더 높아요. 전공별로 본다면 성형외과, 피부과, 안과 등의 인기 있는 과나 수술을 하는 외과의 연봉이 높은 편이죠. 자신이 직접 개원을 하는 경우 전공과목과 병원의 경영상태, 비보험 비중 등에 따라 연봉은 천차만별이고요.

보통 월급을 이야기할 때 네트^{Net}라는 표현을 쓰는데, 네트란 갑근세와 주민세, 4대 보험료 등을 제외하고 매월 통장에 입금되는 실수령액을 말해요. 가정의학과 전문의의 월 급여는 서울의 경우 네트로 대략 700~800만 원 내외이며, 지방의 경우 1,000만 원 이상인 경우도 많아요. 연봉으로 따지면 서울은 1억 3~4천 내외, 지방은 1억 7~8천 내외 정도로 보면 될 것 같아요.

직급 체계는 어떻게 되나요?

편 직급 체계는 어떻게 되나요?

명 먼저, 환자를 진료하는 임상의사의 직급에 대해 이야기해보죠. 의사 1인 혹은 여러 명이 개인 의원을 운영하는 경우 원장이라는 호칭을 사용하는데, 고용되어 급여를 받는 봉직의 역시 일반적으로 원장이라는 호칭을 사용해요. 병원급의 경우 여러 과가 있어 대개 해당과의 과장이라는 직급을 갖게 되고요. 대학병원의 경우 인턴부터 레지던트 1~4년 차까지 있는데, 이후 펠로우 과정을 1~2년 차, 길게는 3년 차까지 하는 경우도 있어요. 교수의 경우 조교수, 부교수, 교수의 직급체계가 있는데, 조교수는 3~5년, 부교수는 5~7년 정도의 경력을 거친 후 심사를 통해 연구 실적, 강의능력, 진료실적을 평가받아 진급을 하게 되죠. 교수가 된 후에는 평생고용을 보장해주는 종신재직권 혹은 영년제라는 제도를 통해 은퇴할 때까지 교수로서의 직분을 유지하는 영년제 교수가 되기도 해요. 의대 교수가 되기 위해서는 먼저 티오^{TO, Table of Organization, 일정한 규정에 의하여 정한 인원} 즉 자리가 나야 하는데, 실력뿐만 아니라 시기 등 여러 가지 조건과 상황이 맞아야 하기 때문에 쉬운 일이 아니에요. 저는 2003년 6월부터 국립암센터에서 임시직으로 6개월 동안 일했고, 2004년 1월부터는 정규 의사직의 직급으로 근무했어요. 그러다 2015년 국립암센터 부속 국제암대학원대학교에 교수 티오가 생겨 지원을 했고, 경쟁을 통해 정식 전임교원으로 임명이 됐죠. 처음 발령받았을 때 부교수로 발령을 받았고, 2년 후에 연구 실적과 경력 등을 인정받아 지금까지 교수로 재직 중이에요.

주기적으로 적성검사는 받나요?

편 주기적으로 적성검사는 받나요?

명 적성검사는 따로 받지 않아요. 그렇지만 필수과목 연수 교육을 포함한 보수교육을 1년에 8시간 이상 받아야 하죠. 제가 일하는 국립암센터의 경우 적성검사와는 다르지만 전 직원을 대상으로 매년 말에 다면평가제도*를 시행하고 있어요. 이는 인사 및 근무 등에 대한 평가를 객관적이고 공정하게 내리기 위해 여러 직군에 걸친 다양한 사람들의 평가를 반영하는 제도인데요. 평가 후에는 직원들의 평균 점수가 공개되고, 각자 자신의 점수를 통보받게 되죠. 이 제도가 개인의 자기반성과 자기개발에 대한 동기부여를 제공해 의사 자신은 물론 기관의 입장에서도 도움이 될 수 있지만, 비사교적이거나 성격이 원만하지 않는 사람들의 경우 항상 낮은 점수를 받아 오히려 사기를 저하시킬 수 있다는 단점도 있어요.

* 다면평가제도: 인사 및 근무 등에 대한 평가를 객관적이고 공정하게 내리기 위해 여러 직군에 걸친 다양한 사람들의 평가를 반영하는 제도

근무 시간은 어떻게 되나요?

편 근무 시간은 어떻게 되나요?

명 개인 의원을 운영하는 경우 대개 평일 오전 9시부터 오후 6시까지 근무하는데요. 최근 들어 낮에 직장이나 학교 때문에 병원에 방문하기 힘든 분들을 위해 일주일 중 하루 이틀은 저녁 8시 혹은 9시까지 야간 진료를 하는 곳이 늘고 있어요. 토요일에도 오후 2~4시까지 진료를 하는 곳이 많고요. 종합병원이나 대학병원에서 일하는 경우 오전 9시부터 오후 6시까지 점심시간 한 시간을 포함해 9시간을 근무하는데, 제가 일하는 국립암센터는 오전 8시부터 오후 5시까지가 근무시간이에요. 그렇지만 논문을 쓰는 등 개인적인 업무를 위해 대개 오후 5시부터 밤늦게까지 남아있는 경우가 많죠. 인턴이나 레지던트 과정 중에는 정규 근무시간 외에도 1주일에 2, 3회 이상 당직을 서야 해요. 당직인 날은 저녁 6시부터 다음날 8시까지 병동이나 응급실로부터 콜을 받아 응급상황에 대한 진료를 시행하죠. 요즘에는 인턴이나 레지던트뿐만 아니라 교수들까지 당직을 서기도 해요.

편 휴일에도 일하나요?

명 종합병원이나 대학병원의 경우 간혹 토요일에 외래진료를 하는 곳이 있지만, 일반적으로 공휴일과 일요일에는 외래진료가 없어요. 개인 의원의 경우 토요일에도 오후 2~4시 정도까지 진료하는 곳이 많죠. 일요일은 대개 쉬지만 일부 개인 의원은 일요일에도 진료를 하는데요. 저 역시 개업의 시절 휴일에도 나와 진료를 했죠. 개인 의원이 휴일에 병원 문을 여는 경우는 단순히 말해 두 가지 중 하나에 해당할 것 같아요. 환자가 정말 많거나 환자가 너무 없거나. 환자가 많으면 지역주민들이 일요일에도 열어달라고 요구해서, 환자가 적으면 의원을 유지하기 위해서 어쩔 수 없이 진료를 하게 되는 것이죠. 제 경우는 후자였어요. 일요일까지 직원들이 나오면 그만큼의 비용이 들어가니, 저 혼자 나와 수납도 하고 진료도 봤던 흑역사가 있었죠.

근무 여건은 어떤가요?

편 근무 여건은 어떤가요?

명 종합병원이나 대학병원에서 일하는 경우 보통 점심시간 한 시간을 제외하고 하루 8시간씩 주 5일을 근무해요. 제가 일하는 곳은 하루를 오전과 오후 각 1세션으로 구분해 일주일에 총 10세션을 근무하게 되어 있는데요. 저 같은 경우 2세션은 가정의학과 외래를 보고, 2세션은 암예방검진센터 진료를 하며, 2세션은 국제암대학원대학교에서 강의를 하고 있어요. 나머지 4세션에는 연구 진행 및 논문 작성, 강의 준비 등을 하고요.

편 복지 여건은 어떤가요?

명 제가 현재 근무하고 있는 국립암센터는 의사들에게 급여 외에 학술활동 경비를 지원해주고 있어요. 그동안 조교수에게 700만 원, 부교수에게 800만 원, 교수에게 900만 원을 지원했었는데, 최근에는 여러 가지 사정으로 인해 모두에게 일괄적으로 700만 원을 지원하고 있죠. 학술활동 경비는 주로 해외 및 국내 학회의 학회 등록비, 항공료, 숙박비, 일비, 식

대국민 건강정보 질 평가 도구 개발보고

좌장 : 이덕철 (연세의대)

신문기사 건강정보 질 평가 도구
오승원 (서울의대)

TV프로그램 건강정보 질 평가 도구 개발
명승권 (국립암센터)

도서 건강정보 질 평가 도구
황승식 (서울대 보건대학원)

2019년, 대한가정의학회 춘계학술대회 '대국민 건강정보 질 평가도구 개발보고' 세미나에서 연구자들과 함께

비 등에 사용돼요. 이 경비를 이용해 1년에 2회 정도 해외 학술대회에 참가하거나 논문 편집 비용 및 논문 게재료, 노트북 등 전산장비 구입 비용, 교육과정 수강료 등으로 사용할 수 있어요. 연차휴가는 근무기간이 오래될수록 많아지는데, 현재 제 연차는 1년에 22일이에요. 해외 학회 참석을 위한 휴가가 따로 15일 정도 보장되어 있고요. 일반 근무 여건뿐만 아

니라 해외 학회 참석과 연차휴가의 측면에서 보면 개업하는 의사들보다는 장점이 많죠. 개업의는 휴가 기간에 다른 의사를 임시로 채용해야 해 일당이 비용으로 나가고, 휴가를 마친 후 다시 진료를 시작하게 될 경우 대개 환자 수가 주는 등 단점이 많아 1년에 단 며칠 휴가 내기도 쉽지 않거든요.

노동 강도는 어느 정도인가요?

편 노동 강도는 어느 정도인가요?

명 개인 의원을 혼자 운영하는 원장이 하루 약 9시간 동안 점심시간을 빼고는 거의 쉬지 않고 환자를 본다면 노동 강도가 높은 편에 속하겠죠. 전문과목마다 차이가 있으니 비슷한 강도로 일하는 내과나 소아청소년과, 가정의학과의사들의 경우를 얘기해보죠. 해당과의 의사들이 하루에 60~70명 정도의 환자만 보게 되면 그렇게 힘들지는 않아요. 하지만 100명 이상의 환자를 진료하게 되면 쉴 시간이 거의 없어 노동 강도가 꽤 높죠. 환자를 많이 보는 지방의 의원에서는 의사 혼자서 150명 이상을 보기도 하는데, 그런 경우 노동 강도가 매우 높겠고요.

대학병원의 경우에는 직급과 전공과목에 따라 노동 강도에 차이가 있어요. 우선 직급별 노동 강도를 보면, 인턴이나 레지던트 기간에는 당직을 자주 서야 하기 때문에 기본적으로 노동 강도가 매우 높아요. 인턴이나 레지던트 시절, 수술하는 과에 있었을 때는 보통 오전 7시 이전에 출근해서 저녁 7시 이후까지 일했고, 1주일에 2, 3일 이상은 야간 당직 근무를 섰죠. 특정 수술을 하는 과에서는 레지던트 1년 차 때 주치의를 하게 되는데, 그런 경우 1개월 동안 퇴근한 날이 손에 꼽을 정도라는 얘기도 들었어요. 하지만 최근 전공의의 수련 환경 개선 및 지위 향상을 위한 법률, 일명 전공의법이 제정되면서 초과근무를 시키지 못하게 되었죠. 전공과목별 노동 강도를 보면, 일반적으로 수술을 많이 하는 외과 쪽이 가정의학과나 내과 등에 비해 노동 강도가 높은 편이에요. 환자 한 명을 수술하는데 보통 2~3시간이 걸리지만, 수술내용에 따라 훨씬 오랜 시간이 걸리기도 하거든요. 제가 인턴 때 신경외과에서 근무한 적이 있었는데, 당시 뇌 수술에 들어가면 10시간 이상 걸렸던 경우가 허다했죠. 물론 저는 인턴이었기 때문에 수술 시야 확보를 위해 절개한 부위를 리트랙터로 당기는 단순한 일이 주 업무이긴 했지만, 몇 시간 동안 참여하다 보면 벌을 서는 거나 다름없어 무척 힘들었던 기억이 있어요.

정년은 언제까지인가요?

편 정년은 언제까지인가요?

명 개업의나 봉직의의 경우 정년이 따로 정해져 있지 않지만, 제가 근무하는 국립암센터나 대학병원의 경우 대개 만 65세가 정년이에요. 제 나이가 2019년 현재 만 51세니 정년까지 앞으로 14년이 남았군요. 그런데, 의사는 다른 직업과 달리 은퇴하더라도 자신이 원하면 개인 의원이나 중소병원 혹은 종합병원에 봉직의로 취직해 계속 근무하는 경우가 많아요. 그런 면을 보면 의사는 정년이 없는 직업이라고도 할 수 있죠.

편 직업병이 있나요?

명 직업병이란 어떤 특정 직업에 종사함으로써 근로조건이 원인이 되어 일어나는 질환으로, 의사의 경우에도 전문과목과 진료행위에 따라 특정 질병이 발생하기도 하죠. 예를 들어, 외과의사들은 수술을 위해 손을 물로 자주 씻고, 세제나 소독제를 많이 사용하며, 수술 장갑을 낀 채 작업을 오랫동안 하다 보니 일명 주부습진이라 불리는 수부습진을 달고 사는 경우가 많아요. 위내시경이나 대장내시경을 많이 시행하는 내과의사나 가정의학과의사, 외과의사의 경우 왼손으로 내시경 조작 부위를 잡고 오른손으로는 삽입관을 잡은 채 반복적인 작업을 하다 보니 좌측 손가락, 좌측 어깨, 우측 손목 등에 통증이 생기는 근골격계 질환이 많이 발생하고요. 저 같은 경우 특별한 시술을 하지 않기 때문에 육체적인 직업병은 없어요.

미국 국립산업보건연구소나 국제노동기구에 따르면 의료기관에 종사하는 의료인들은 병원 내 주삿바늘에 찔리거나 혈액이나 인체분비물에 직접 접촉함으로써 생기는 세균 또는 바이러스 등에 의한 감염병, 반복적인 육체적 작업을 함으로

써 생기는 근골격계 질환, 화학물질이나 방사선 노출에 의한 질환, 교대 작업과 야간노동에 따른 각종 육체적, 정신적 질환 등의 직업병에 노출될 위험이 있다고 하네요.

처음 의사가 됐을 때
가장 걱정되었던 점은 무엇인가요?

편 처음 의사가 됐을 때 가장 걱정되었던 점은 무엇인가요?

명 1995년 2월 말, 의대 졸업식이 끝나고 의사면허를 취득하자마자 서울대병원에서 인턴을 시작했는데요. 당시 가장 큰 걱정은 혹시라도 내 잘못으로 인해 환자가 잘못되거나 살릴 수 있는 환자를 죽게 만들면 어쩌나 하는 것이었어요. 이후 레지던트가 되었을 때도 비슷한 걱정이 이어졌죠. 대학병원에서는 담당 교수가 가장 큰 책임을 지지만 보통 레지던트 1년 차나 2년 차 역시 '주치의'라는 역할을 담당하는데, 야간 응급실 당직을 설 때는 교수가 퇴근했기 때문에 레지던트 주치의가 중책을 맡게 돼요. 가정의학과 레지던트 1년 차 시절, 3월 첫 스케줄이 인천의료원 응급실이었는데요. 낮에는 각 과마다 전문의 과장들이 근무하고 있으니 진단명을 잘 모르겠는 경우 콜을 해요. 그럼 과장이 와서 진료를 봐주기 때문에 별 걱정이 없죠. 하지만 오후 6시 이후 야간 당직을 설 때는 응급실과 중환자실 콜을 담당하고 책임지는 의사가 바로 레지던트 1년 차였던 저였기 때문에 처음에는 정말 불안하고 걱정이 많이 됐어요. 응급실에서는 필요한 검사를 다 했는데도 별다른 이상이 없으면 퇴원을 시켜요. 그러다 보니 특히 가슴 통증 때문에 실려 온 환자의 경우 별다른 이상이 발견되지 않아 퇴원 조치를 내리면 불안감이 들었어요. 만약 그분이 심근경색증이라는 치명적인 병이라면 다시 병원에 오기 전에 증상이 발생해 심각한 경우 사망까지 할 수 있으니까요. 불안감 때문에 그런 경우 환자나 보호자에게 다시 전화해 상태가 어떤지 물어보고 별 이상이 없으면 안심을 하기도 했어요. 의사가 된 지 얼마 안 되었을 땐 그런 걱정이 많았죠.

가정의학과의사 생활을 하면서
가장 기억에 남는 순간은 언제였나요?

[편] 가정의학과의사 생활을 하면서 가장 기억에 남는 순간은 언제였나요?

[명] 이 병원 저 병원을 전전하며 진료를 받았지만 치료가 안 돼 오랫동안 고생하다 제 진료를 받고 좋아지는 분들이 가장 기억에 남기 때문에 앞에서도 언급했지만 다시 한번 얘기할 수밖에 없겠네요. 지금으로부터 약 10년 전, 화장기도 없고 얼굴에 수심이 가득한 40대 여성이 좌측 아랫배 통증 때문에 외래에 방문했어요. 이 환자분은 2년 전에 처음 증상이 생겨 개인 의원 내과에서 치료를 받았지만 증상이 개선되지 않았어요. 이후 대학병원 내과에서 위내시경과 대장내시경까지 받았는데도 아무 이상이 없어 약만 처방받았죠. 약을 복용하고 일시적으로 증상이 좋아졌지만, 다시 통증이 발생해 다른 대학병원에 갔어요. 검사 결과 역시 별 이상이 없어 신경성이라는 말만 듣고 위장 증상에 대한 약만 처방받았죠. 그 이후로 한의원에 가서 침도 맞아보고 보약도 먹어봤지만 소용이 없어 결국 저에게까지 왔어요. 국립암센터는 암 전문병원

이니 혹시라도 원인을 찾을 수 있을까 해서 진료를 예약하려는데, 먼저 가정의학과에 방문해야 한다는 이야기를 듣고 가정의학과 외래에 오게 된 것이죠. 제가 레지던트 시절 우울증을 경험했기 때문에 이 환자의 복통 증상이 우울증에 의한 신체적 증상은 아닐까 하는 의심을 했고 우울증 진단 기준에 따라 질문을 해보았어요. 가장 중요한 증상인 우울한 기분과 함께 사는 게 재미없다는 증상이 수년 동안 있어왔고, 그 외에도 불면과 말이나 행동이 느려짐, 피로감, 집중력의 감소 등 우울증의 증상이 거의 모두 있었죠. 진단 결과에 따라 우울증 치료제로 가장 많이 쓰이고 있는 플루옥세틴을 처방했고, 다음 진료 일정을 일주일 후로 잡았어요. 두 번째 외래에 왔을 때는 처음과 달리 얼굴에 화장도 하고, 멋있는 옷도 차려입고 왔더라고요. 그리곤 환한 얼굴로 2년여 동안 자신을 괴롭혔던 좌측 하복부 통증이 없어졌다고 좋아하는 거예요. 이후 6개월 정도 외래에 다니면서 진료를 받고 약을 잘 복용한 덕에 그녀를 괴롭혔던 우울증과 하복부 통증이 완전히 치료된 사례가 아직까지도 가장 기억에 많이 남아요.

우울증은 약물치료만으로 좋은 효과를 내지만 진단 자체가 이루어지지 않는 경우가 허다해 치료가 늦어지는 경우가 매우 많죠. 다른 병들은 혈액검사나 CT, MRI와 같은 영상의학 진단 등 객관적인 진단 방법을 통해 진단이 되지만, 정신건강의학과 질병은 문진을 통해 진단하는 수밖에 없는데요. 환자 자신이 본인의 병을 정신건강의학과 질환이라 생각하지 않는 경우가 많고, 의사들 대부분도 우울증과 관련된 증상이라고 생각하지 않아요. 그렇기 때문에 정신건강의학과의사가 아니더라도 내과나 가정의학과의 의사들은 환자가 설명되지 않은 오래된 증상을 호소하는 경우 우울증 진단 기준에 따라 우울증 여부를 확인할 필요가 있어요. 2019년 12월 현재, 우리나라는 OECD 회원국가 36개국 중 자살률 1위를 차지하고 있다고 하죠. 자살은 우울증과도 깊은 관련이 있어, 자살하는 사람의 50% 이상이 우울증이 있는 것으로 보고되고 있어요. 그런 만큼 1차 진료 시 상황에 따라 우울증 여부를 확인하는 것이 꼭 필요하다고 생각해요.

다른 분야로 진출이 가능한가요?

편 다른 분야로 진출이 가능한가요?

명 가정의학과 전문의들은 대개 개원의나 봉직의가 되어 환자들을 진료하지만, 대학병원의 가정의학과 교수가 되거나 보건복지부, 질병관리본부 등 정부기관에서 공무원으로 일할 수도 있어요. 그밖에 제약회사에 들어가 상무나 전무, CEO 등 관리직으로 일할 수도 있고, 언론사에 들어가 의학전문기자가 될 수도 있죠.

현재 삶에 만족하세요?

편 현재 삶에 만족하세요?

명 네. 저는 지금 삶에 만족하고 있어요. 가정의학과에 지원할 당시 처음 희망은 개업의였는데, 2002년에 개업했다가 실패한 후 지금은 진료도 하고 연구도 하며 교수로서 학생들을 가르치는 일도 하고 있죠. 진료를 통해 환자들의 삶을 개선해 나가는 것도 뿌듯한 일이지만, 후학을 양성하고 연구를 하는

지방자치단체에서 열린 건강 강의 홍보 배너

것에서도 그에 못지않은 큰 보람을 느끼고 있어요. 개업의로만 살았다면 지금처럼 연구를 열심히 하거나 학문적 성취감을 느끼기는 어려웠을 거라 생각해요. 특히 제가 다른 사람들 앞에서 강의하는 것을 좋아하는데, 강의할 기회가 자주 있어서 더없이 만족하고 있죠.

편 의사가 된 걸 후회하신 적은 없나요?

명 지금 하고 있는 이 일을 선택한 것에 후회는 없어요. 아, 그런데 후회까지는 아니지만 아쉬운 점은 한 가지 있어요. 대학에서 일하지만 방학에도 일해야 한다는 것 정도요? 의대교수나 저처럼 국립암센터 국제대학원대학교 교수인 경우 방학 기간에도 병원에서 진료를 하기 때문에 온전히 제시간을 가질 수 없다는 게 약간 아쉽죠. 큰형님이 경기대학교 화학과 교수로 있는데, 방학기간에는 정규 수업이 없기 때문에 학교에 출근하긴 하지만 자유롭게 시간 활용을 할 수 있는 것 같아 부럽더라고요. 특히 요즘 써야 할 책도 많고, 어학공부도 집중적으로 하고 싶다 보니 물리적으로 시간이 넉넉지 않아 아쉽거든요.

📖 다시 태어나도 의사가 되고 싶으세요?

📖 네. 다시 태어나도 의사가 되고 싶어요. 저는 이 일이 정말 좋거든요. 그런데 다시 태어나 의사가 된다면 수술을 많이할 수 있는 외과의사도 한 번 되어 보고 싶네요. 더 욕심을 부려 보자면 그때는 의사로서 노벨 생리의학상에도 도전해보고싶어요. 지금도 늦은 건 아니겠지만 제 전문인 메타분석이나역학_{집단을 대상으로 질병의 원인을 규명하는 학문}분야의 경우 노벨 생리의학상을 받기가 쉽지 않거든요. 그리고 수상자들을 보면 대개의 경

국립암센터 암예방검진센터 기부자 벽 앞에서. 대한암학회에서 암학술상 부상으로 받은 200만 원을 기부자벽 제작에 기부

우 30~40대 정도의 비교적 젊은 나이에 시행했던 연구업적
이 20~30년 후에 인정을 받는 경우가 많기 때문에 제 생애에
는 쉽지 않을 것 같고요.

나도
가정의학과의사

Family medicine

가정의학과
외래진료실

여러분은 가정의학과 레지던트 과정을 모두 마치고 가정의학과 전문의 자격을 취득한 후 동네에 작은 의원을 개원해 진료를 시작했어요. 지금부터 가정의학과 외래에서 가장 많이 보는 질병에 대해 1차 진료를 시작해봐요.

Case_1

중학교 2학년 남학생이 이틀 전부터 목이 아프고, 미열과 콧물, 재채기, 기침 증상이 있어 내원했어요.

문진 및 신체검사

먼저 가래나 근육통, 두통 등의 다른 증상이 있는지 물어본 후 체온을 측정해요. 그다음 입을 벌리게 한 후 펜라이트를 이용해 입안을 확인해요. 편도염이 있을 때는 양측 편도가 붓거나 하얀색의 농이 점처럼 붙어있으며, 인두염이 있을 때는 인두 뒤쪽 벽 주변이 빨갛게 충혈되죠. 마지막으로 청진기를 이용해 심장에서 나는 소리를 들어봐요. 폐렴인 경우 분비물로 인해 기관지나 폐포에 수포음이 발생하죠. 문진 및 신체검사 결과 가래와 코막힘 외 다른 증상은 없고, 체온은 37.2도로 미열이 있는 상태예요. 편도는 정상인데 인두가 충혈되어 있고, 청진 결과 별다른 이상은 없네요. 어떤 진단과 처방을 내릴 수 있을까요?

 나의 진단과 처방

진단 Tip

문진 및 신체검사 결과를 통해 '감기'로 진단해요. 감기는 리노바이러스나 코로나바이러스 등 200여 종 이상의 각기 다른 바이러스에 의한 상기도^{코와 목 부위} 부위의 감염 증상으로, 가정의학과의사들이 가장 흔하게 보는 질병이에요. 바이러스의 종류가 매우 많다 보니 예방할 수 있는 백신도 치료할 수 있는 항바이러스제도 없죠. 하지만 다행히도 대부분은 2~3일 이내에, 길면 일주일 정도 안에 저절로 나아요. 간혹 감기와 독감을 같은 것으로 생각하는 사람들이 있는데요. 독감은 영어로 인플루엔자^{Influenza} 혹은 플루^{Flu}라고 하며, 감기와는 전혀 다른 인플루엔자바이러스가 상기도에 침입하여 감염증을 일으키는 호흡기 질환이에요. 감기와 증상이 매우 유사하며 대개 고열^{38~40도 내외}이 있고, 근육통이 심한 경우가 많죠. 다행히 독감의 경우 예방할 수 있는 인플루엔자 백신과 치료할 수 있는 항바이러스제가 개발되어 있어요. 매년 10월경부터 인플루엔자 백신을 맞게 되면 이듬해 3~4월까지 70~90% 정도는 독감 예방이 가능하죠.

처방 Tip

증상에 따라 약을 처방하는 대증 치료를 시행해요. 위 환자의 경우 인후통^{목 아픔} 및 미열에는 해열진통제, 콧물 및 재채기에는 항히스타민제, 기침 및 가래에는 진해거담제, 코막힘에는 항울혈제를 하루 세 번 복용할 수 있는 양으로 3일 정도 처방해요. 더불어 앞으로 감기에 걸리지 않기 위해서는 손을 자주 씻어야 한다고 교육해요.

Case_2

25세 여성이 약 3개월 전부터 속이 더부룩하고 쓰린 증상이 계속돼 내원했어요.

문진 및 신체검사

위 증상 때문에 다른 병원을 방문해 위내시경 등의 검사를 받아봤는지 확인한
후 식후 속 쓰림이 심한지, 오심^{속 울렁거림}, 구토, 소화 장애, 복통, 가스, 설사, 변비
등 다른 증상이 있는지 물어봐요. 더불어 3개월 전부터 걱정되거나 스트레스를
받는 일이 있었는지도 물어보죠. 다음으로 진찰 침대에 눕게 한 후 복부를 눈
으로 관찰하고(시진), 청진기를 이용해 장음을 들어보고(청진), 손가락을 이용
해 툭툭 때리면서 소리에 이상이 있는지 확인하고(타진), 혹이나 튀어나온 것이
없는지 만져 봐요(촉진). 문진 및 신체검사 결과 속 울렁거림 외 다른 증상은 없
고, 속 쓰림의 경우 좋아졌다 나빠졌다 반복되는데 심하진 않다고 해요. 취업을
위해 3개월 전부터 공무원 시험공부를 하고 있다고 하고요. 어떤 진단과 처방
을 내릴 수 있을까요?

나의 진단과 처방

진단 Tip

문진 및 신체검사 결과를 통해 3개월 전부터 시작한 공무원 시험공부와 관련된 스트레스로 인한 '기능성위장장애'로 진단해요. 기능성위장장애는 특별한 원인 질병 없이 속 쓰림이나 더부룩함, 구토, 소화불량, 부글거림 등의 다양한 위장관 증상이 3개월 이상 지속되는 만성 질환이에요. 대개는 스트레스나 과로, 수면 부족, 운동 부족, 흡연, 과도한 음주 등이 원인인 경우가 많죠. 속 쓰림과 관련해 역류성식도염이나 위 및 십이지장궤양이 있는지 확인하기 위해 위내시경 검사를 해볼 수도 있어요.

처방 Tip

증상이 심한 경우 더부룩한 증상에 대해서는 위장관 운동기능개선제를, 속 쓰림 증상에 대해서는 제산제나 위산분비억제제를 3일~1주일 정도 처방해요. 스트레스가 없어지거나 관리가 되어야 증상이 호전될 수 있기 때문에, 충분한 휴식을 취하고 규칙적인 운동을 하면서 스트레스를 관리할 수 있도록 교육해요.

Case_3

34세 여성이 2개월 전부터 시작된 복통과 변비와 설사가 교대로 나타나는 증상 때문에 내원했어요.

문진 및 신체검사

체중의 변화가 있는지, 스트레스를 받은 일이 있는지, 변에 피가 섞여 나오는지를 확인하고, 복부 진찰을 시행해요. 환자를 진찰 침대에 눕게 한 후 복부를 눈으로 관찰하고, 청진기를 이용해 장음을 들어보고, 손가락을 이용해 툭툭 때리면서 소리에 이상이 있는지 확인하고, 혹이나 튀어나온 것이 없는지 만져 보는 것이죠. 문진 및 신체검사 결과 체중의 변화가 없었고, 직장에서 일이 늘어나 스트레스를 많이 받았다고 하며, 변에 피가 섞여 나온 적은 없다고 하네요. 복부 진찰 결과 별다른 이상은 없고요. 어떤 진단과 처방을 내릴 수 있을까요?

✓ 나의 진단과 처방

진단

문진 및 신체검사 결과를 통해 '과민성대장증후군'으로 진단해요. 과민성대장증후군이란 다른 질환이나 해부학적 이상이 없이 정서적 긴장이나 스트레스로 인하여 장관의 운동 및 분비 등에 기능장애를 일으키는 상태를 말해요. 증상으로는 배변 장애, 복통, 복부 팽만감, 대변 내 점액 등이 있으며, 이러한 증상은 특정 음식 섭취나 스트레스에 의해 악화되는 경향을 보이고 있어요. 대개 설사와 변비가 반복되는 경우가 많고요.

처방

과민대장증후군의 경우 원인이 되는 심리적 불안과 갈등을 제거하는 것이 가장 중요하기 때문에 일을 줄여 스트레스를 관리하고, 규칙적인 운동과 식사, 충분한 수면을 취하도록 교육해요. 복통에 대해서는 진경제, 변비가 심한 경우에는 완하제, 설사가 심한 경우에는 지사제 등을 3일 정도 처방해요.

Case_4

27세 여성이 살을 빼기 위해 내원했어요.

문진 및 신체검사

먼저 식사습관과 운동, 흡연, 음주, 활동량 등의 생활습관에 대해 물어봐요. 다음으로 내원한 여성의 몸무게와 키를 측정한 후 체질량지수^{BMI, Body Mass Index}를 구해요. 체질량지수는 몸무게를 키의 제곱으로 나눈 값으로, 그 값이 18.5~23이면 정상체중, 23~25이면 과체중, 25 이상이면 비만으로 규정하죠. 계산 결과 키 165cm에 체중이 70kg이라 체질량지수는 $25.7(=70/1.65^2)$이네요. 어떤 진단과 처방을 내릴 수 있을까요?

나의 진단과 처방

진단 Tip

체질량지수 계산 결과를 보니 '초기 비만' 상태예요. 요즘 비만은 질병으로 인식되고 있어요. 전 세계적으로 비만은 증가 추세에 있으며, 우리나라에서도 비만의 유병률은 기준에 따라 다르긴 하지만 약 30% 내외에 달하죠. 활동량이 적은데 비해 상대적으로 많이 먹는 것이 비만의 가장 큰 원인이고요.

처방 Tip

우선 식사일지와 운동일지를 기록하게 해요. 가능하면 하루 세 끼를 먹고, 그동안 먹어왔던 식사량에서 최소한 30%를 줄이되 모든 종류의 음식을 골고루 섭취하도록 하고요. 대략적으로 얘기하면 하루 칼로리 중 탄수화물은 50% 조금 넘게, 지방과 단백질은 각각 15~20% 내외로 고루고루 섭취하도록 하고, 간식은 끊거나 줄이도록 교육하죠. 이와 함께 빨리 걷거나 달리기를 하루 30분 이상, 일주일에 최소 3회 이상 할 것을 권유해요. 생활습관 개선을 열심히 했는데도 체중이 빠지지 않는 경우에는 식욕억제제 등 몇 가지 비만 약물을 처방할 수도 있어요. 실제로 저는 외래에서 '올반다이어트' 교육을 하고 있어요. '모든' 종류의 음식을 그동안 먹어왔던 식사량의 '반으로' 줄이라는 뜻이죠.

Case_5

45세 남성이 1개월 전 국민건강보험공단에서 2년마다 시행하는 건강검진을 받았는데, 혈압이 150/94가 나왔다고 해요. 수치가 높아 치료를 위해 내원했어요.

문진 및 신체검사

문진 결과 기존에 다른 질병은 없었고, 25년 동안 매일 한 갑씩 담배를 피워왔으며, 일주일에 3회 이상 음주를 하는데 한 번 마실 때 소주 한 병 반 정도를 마신다고 하네요. 운동은 특별히 하지 않고요. 신체검사 결과 키는 175cm이며 몸무게는 85kg, 혈압은 148/92로 나왔어요. 어떤 진단과 처방을 내릴 수 있을까요?

나의 진단과 처방

진단 Tip

전자혈압계로 혈압을 측정하면 앞쪽에는 수축기 혈압, 뒤쪽에는 확장기 혈압이라고 표시되는데, 수축기 혈압이 140 이상 이거나 확장기 혈압이 90 이상인 경우 고혈압에 해당해요. 정상 혈압은 120/80 미만이고요. 일시적으로 높아질 수도 있기 때문에 하루에 최소한 두 번을 잰 후, 정상보다 높은 경우 다른 날 다시 두 번을 재 평균을 내고 그 결과가 140/90 이상인 경우 고혈압으로 진단하죠. 이 환자의 검사 결과가 148/92이므로 다음에 다시 한번 혈압을 측정하고, 전체 평균이 140/90 이상이면 고혈압이라고 진단할 수 있어요. 고혈압의 경우 다른 질병으로 인해 생기는 2차성 고혈압과 다른 질병 없이 생기는 1차성 고혈압 혹은 본태성 고혈압으로 나뉘는데, 대부분의 사람들은 1차성 고혈압이에요. 고혈압을 유발하는 원인은 비만과 흡연, 과도한 음주, 운동 부족, 짜게 먹는 습관 등이 대표적이죠. 특별한 증상은 없지만, 수년 이상 조절이 안 된 상태로 지내게 될 경우 동맥경화가 진행되면서 합병증으로 협심증, 심근경색증, 뇌경색 등의 심혈관질환이 생기기 때문에 정상 혈압으로 조절하는 것이 필요해요.

처방 Tip

위 환자의 경우 체질량지수가 27.7($=85/1.75^2$)로 비만 상태예요. 규칙적인 운동과 올바른다이어트를 시행하도록 교육한 후, 1~2주 간격으로 외래에 방문해 혈압을 측정하게 해요. 더불어 금연할 수 있도록 금연 약물치료제를 처방하고, 술은 1주일에 2회 정도 이하, 한 번 마실 때 소주 반병 미만만 마시도록 해요. 생활습관을 개선하면 혈압이 정상으로 내려오는 경우가 많은데, 3개월 이상 생활습관 개선을 시행했음에도 불구하고 혈압이 지속적으로 140/90 이상인 경우에는 고혈압 치료제인 항고혈압제를 처방해야 해요. 항고혈압제는 복용할 때만 혈압이 떨어지기 때문에 대부분 평생 복용해야 하지만 중간에라도 생활습관을 잘 개선해 혈압이 낮은 상태로 유지될 경우 항고혈압제의 복용 중단을 고려할 수 있어요.

Case_6

32세 여성이 2주일 전 건강검진을 받았어요. 검사 결과 저밀도 콜레스테롤^{LDL-}
_{콜레스테롤} 수치가 210 mg/dL로 정상보다 꽤 높아 걱정이 되어 내원했어요.

문진 및 신체검사

먼저 식사습관과 생활습관, 병력에 대해 물어본 후 키와 몸무게를 측정해요.
얘기를 나눠보니 술도 마시지 않고 담배도 피우지 않으며, 1주일에 4회 이상
매번 한 시간씩 조깅을 한다고 하네요. 키 163cm에 몸무게 52kg으로 체질량
지수는 19.6이 나와 정상이고요. 문진 및 신체검사 결과 별다른 이상이 없고,
커피를 좋아해서 하루에 아메리카노를 5잔 정도 마신다고 해요. 어떤 진단과
처방을 내릴 수 있을까요?

나의 진단과 처방

진단 Tip

일반적으로 저밀도 콜레스테롤이나 중성지방 수치가 높은 이상지질혈증의 원인은 음주나 흡연, 비만, 운동 부족으로 알려져 있는데요. 약 20년 전부터 수십 편의 임상시험을 통해 커피의 섭취가 콜레스테롤 수치를 높이는 것으로 보고되었고, 임상시험을 종합한 메타분석 결과 역시 같은 결론이 나왔어요. 그 이유를 보면, 커피에 들어 있는 카페스톨이라는 성분이 간세포에서 만들어지는 담즙산의 생성을 억제하기 때문에 담즙산의 원료가 되는 콜레스테롤이 남아돌아 혈중 농도가 높아지는 것이죠. 커피의 종류에 따라 그 양이 달라지는데, 유럽식 끓이는 커피, 에스프레소, 아메리카노, 인스턴트커피, 드립커피 순으로 카페스톨의 양이 적어지고요. 이 여성처럼 다른 원인이 없는데도 콜레스테롤 수치가 높은 경우 커피를 줄이도록 하면 효과를 보는 경우가 많아요.

처방 Tip

먼저 약물치료를 하기 전에 커피를 끊거나 하루에 한 잔 정도로 줄이도록 권유해요. 저밀도 콜레스테롤을 포함한 혈액 지질 검사를 시행해 정상 수준인 130mg/dL 이하로 떨어지는지 2주~1개월 간격으로 관찰해요. 3개월 정도 생활습관 개선을 시행했어도 저밀도 콜레스테롤이 160mg/dL 이상이라면 콜레스테롤 저하제 처방을 고려해요.

Case_7

57세 남성이 1개월 전 국민건강보험공단에서 시행하는 건강검진을 받았어요. 평소 건강했는데 검진 결과 공복 혈당이 154mg/dL로 높게 나온 데다, 3개월 전부터 물을 많이 마시고, 소변을 자주 보게 되고, 피로감 증상이 있어 내원했어요.

문진 및 신체검사

먼저 키와 몸무게를 측정하고, 체중 변화, 음주, 흡연, 운동 유무를 확인해요. 공복 혈당 검사를 1개월 전에 했기 때문에 현재의 공복 혈당을 다시 한번 체크 하며 당화혈색소 검사도 함께 시행해. 당화혈색소는 적혈구 안에 있는 혈색 소와 포도당이 결합된 형태로, 이 수치를 통해 최근 2~3개월간의 평균적인 혈 당 조절 상태를 알 수 있어요. 수치 5.7% 미만은 정상, 5.7~6.4%는 당뇨 전 단 계, 6.5% 이상은 당뇨로 해석하죠. 이 분의 당화혈색소 검사 결과를 보니 7% 가 나왔네요. 어떤 진단과 처방을 내릴 수 있을까요?

나의 진단과 처방

이 환자의 검사 결과가 7%이므로 '당뇨'로 진단해요. 당뇨는 인슐린의 분비량이 부족하거나 정상적인 기능이 이루어지지 않는 대사질환의 일종으로 혈중 포도당 농도가 높은 것이 특징이에요.

평소 건강했다고는 하지만 당뇨로 인한 합병증이 생기는지 확인하기 위해 1년마다 주기적으로 혈압과 콜레스테롤을 측정하고 안과 검사와 단백뇨 검사 등을 받도록 해요. 약물치료를 하기 전에 흡연과 음주, 비만, 운동 부족 등의 위험요인을 교정하는 생활습관 개선을 시행하도록 교육한 후, 1~2주 간격으로 공복 혈당을 측정해요. 3개월 정도 경과를 관찰했는데도 공복 혈당이 지속적으로 130mg/dL 이상이거나, 당화혈색소 수치가 7%가 넘는 경우에는 혈당강하제 복용 등의 약물치료를 고려해요.

Case_8

42세 여성이 6개월 전부터 사는 게 재미없고, 눈을 뜨면 만사가 귀찮아 잠을 너무 많이 자게 된다며 내원했어요.

문진 및 이학적 검사

평소에 건강한 편이었고, 이학적 검사에서 특이 소견은 없었어요. 우울증이 의심되어 우울증 진단 기준* 9가지를 확인한 결과, 거의 매일 우울한 기분과 체중 감소 등 7가지 증상을 갖고 있는 것으로 확인됐어요. 이러한 증상은 몇 달째 계속되었고요. 진단 기준 중 1번과 2번 증상 중 하나는 있어야 하고, 전체 9개 증상 중 5개 증상이 2주 연속 나타날 경우 우울증으로 진단하고 있어요. 이 여성분에게는 어떤 진단과 처방을 내릴 수 있을까요?

● 우울증 진단 기준
1. 거의 매일 우울한 기분
2. 거의 매일 현저한 흥미나 즐거움의 감소
3. 체중 감소나 증가(1개월간 5%) 혹은 식욕 감소나 증가
4. 거의 매일 불면 혹은 과다수면
5. 거의 매일 정신운동 초조나 지체(타인에 의해 관찰, 말이나 행동이 느려짐)
6. 거의 매일 피로 혹은 에너지 상실
7. 거의 매일 무가치감 혹은 과도한 죄책감

8. 거의 매일 사고력 혹은 집중력의 감소 혹은 의사결정 못함
9. 반복적인 죽음에 대한 생각이나 자살 생각 혹은 시도

나의 진단과 처방

진단

우울증 진단 기준에 속한 9개 증상 중 5개 이상인 7개의 증상이 있어 '우울증'으로 진단해요. 우울증은 진단이 내려지지 않은 경우가 많지만 드물지 않은 병이에요. 심한 경우 자살이라는 심각한 결과에 이를 수 있지만, 다행히도 효과적으로 치료될 수 있는 질환이기도 하고요.

처방 Tip

약물 처방을 하기로 해요. 플루옥세틴이라는 항우울제를 아침마다 한 캡슐씩 복용하도록 처방한 후 1~2주 간격으로 경과 관찰을 해요. 보통 2~3주면 효과가 나타나고, 6개월 정도 약물치료를 하면 대부분 좋아져요.

Case_9

40년 동안 흡연을 한 60세 남성분이 오셨어요. 친한 친구 역시 오랫동안 흡연을 했는데, 이번에 폐암 진단을 받았다는 이야기를 듣고 금연을 원해 내원했죠.

문진 및 이학적 검사

먼저 식사습관과 생활습관, 병력 등에 대해 물어본 후 키와 몸무게를 측정해요. 문진 및 신체 측정 결과 다른 질병은 없으며 표준체중이에요. 술은 1주일에 5회 마시는데, 한 번 마실 때 소주 두 병 정도를 마신다고 하고요. 흡연 습관을 보면, 담배를 40년 동안 하루에 한 갑씩 피워왔다고 하네요. 미국정신의학회의 정신장애진단 통계 편람에는 담배 사용 장애 진단 기준*이 나와 있는데요. 이 진단 기준 11개 중 2개 이상이 해당되는 경우 담배 사용 장애로 판단하죠. 이분의 경우 4개가 해당되네요. 어떤 진단과 처방을 내릴 수 있을까요?

○ 담배 사용 장애 진단 기준

1. 의도했던 것보다 더 많이, 더 오래 담배를 피운다.
2. 담배 사용을 줄이거나 조절하려는 계속적인 노력에도 실패한다.
3. 담배를 구하거나 피우는데 필요한 활동에 많은 시간을 보낸다.
4. 담배 사용에 대한 강력한 욕구나 갈망 및 충동이 생긴다.
5. 반복되는 흡연으로 인해 직장, 학교, 가정에서의 주요한 역할을 못한다.
6. 사회적 또는 대인관계의 문제가 있음에도 불구하고 지속적으로 담배를 사

용한다.

7. 중요한 사회적, 직업적 혹은 여가활동을 포기한다.

8. 물리적으로 위험한 상황에서 반복적으로 담배를 사용한다.

9. 담배에 의해 신체적 혹은 심리적 문제가 있다는 것을 아는데도 불구하고 담배 사용을 계속한다.

10. 내성이 생긴다.

    1) 원하는 효과를 얻기 위해 더 많은 담배를 필요로 함

    2) 같은 양의 담배를 사용하면서 효과가 현저하게 감소

11. 금단증상이 생긴다.

    1) 담배에 대한 특징적인 금단증후군

    2) 금단증상을 줄이거나 피하기 위해 흡연

나의 진단과 처방

진단 **Tip**

문진 결과를 통해 '담배 사용 장애'로 진단해요.

처방 **Tip**

국민건강보험공단에서는 금연치료지원사업을 시행하고 있어요. 금연을 원한다면 가까운 가정의학과나 내과 등에 방문해 금연치료를 받을 수 있죠. 처음 2회 정도는 본인부담금으로 진료비를 지불해야 하지만, 3개월간 꾸준히 방문해 진료를 받을 경우 국가가 진료비와 약물치료 비용을 거의 대부분 지원해줘요. 금연 성공률이 가장 높은 치료법은 먹는 금연치료제를 아침저녁으로 1정씩 3개월간 복용하는 거예요. 이외에도 금연상담전화 1544-9030 서비스를 이용하거나, 전국에 있는 보건소 금연클리닉에서 금연 상담 및 진료를 받으면 금연 성공률을 높일 수 있죠.

Case_10

46세 남성이 건강을 위해 금주를 하려고 내원했어요.

문진 및 이학적 검사

문진 및 신체 측정 결과 음주 습관 이외에 특이 사항은 없었어요. 음주 습관을 보면, 성인이 된 이후 지금까지 일주일에 3회 이상 술을 마셨으며, 한 번 마실 때 소주 두 병 정도를 마셔왔다고 하네요. 미국정신의학회의 정신장애진단 통계 편람에는 알코올 사용 장애 진단 기준*이 나와 있는데요. 이 진단 기준 중 2~3개에 해당되면 경도, 4~5개에 해당되면 중등도, 6개 이상에 해당되면 중증도로 판단하죠. 이분의 경우 5개가 해당되네요. 어떤 진단과 처방을 내릴 수 있을까요?

● 알코올 사용 장애 진단 기준

1. 알코올을 종종 의도했던 것보다 많은 양 혹은 오랜 기간 동안 사용
2. 알코올 사용을 줄이거나 조절하려는 지속적인 욕구가 있음. 혹은 사용을 줄이거나 조절하려고 노력했지만 실패한 경험들이 있음
3. 알코올을 구하거나 사용하거나 그 효과에서 벗어나기 위한 활동에 많은 시간을 보냄
4. 알코올에 대한 갈망감이나 강한 바람 혹은 욕구
5. 반복적인 알코올 사용으로 인해 직장, 학교 혹은 가정에서의 주요한 역할 책

임 수행에 실패함
6. 알코올의 영향으로 지속적으로 혹은 반복적으로 사회적 또는 대인관계 문제가 발생하거나 악화됨에도 불구하고 알코올 사용을 지속함
7. 알코올 사용으로 인해 중요한 사회적, 직업적 혹은 여가 활동을 포기하거나 줄임
8. 신체적으로 해가 되는 상황에서도 반복적으로 알코올을 사용함
9. 알코올 사용으로 인해 지속적으로 혹은 반복적으로 신체적, 심리적 문제가 유발되거나 악화될 가능성이 높다는 것을 알면서도 계속 알코올을 사용함
10. 내성, 다음 중 하나로 정의됨
    1) 중독이나 원하는 효과를 얻기 위해 알코올 사용량의 뚜렷한 증가가 필요
    2) 동일한 용량의 알코올을 계속 사용할 경우 효과가 현저히 감소
11. 금단, 다음 중 하나로 나타남
    1) 알코올의 특징적인 금단 증후군(손 떨림, 불면, 식은 땀, 오심 또는 구토, 환시, 환각, 불안, 초조 등)
    2) 금단 증상을 완화하거나 피하기 위해 알코올(혹은 벤조디아제핀과 비슷한 관련 물질)을 사용

✓ 나의 진단과 처방

진단

문진 결과와 진단 결과를 통해 '알코올 사용 장애'로 진단해요. 진단 기준 중 5개가 해당돼 심한 정도는 중등도이고요.

처방

개인 및 가족과의 상담을 통한 인지행동요법과 함께 약물치료를 처방해요. 약물에는 알코올 갈망과 보상에 관련된 뇌 수용체를 차단하는 날트렉손, 금주로 인한 부정적 증상을 완화하는 아캄프로세이트, 술을 마시게 되면 속이 울렁거리거나 피부가 붉어지는 등 나쁜 증상을 유발함으로써 음주를 피하게 유도하는 다이설피람 등이 있어요.

Topic Talk

Family medicine

텔레비전이나 인터넷에는 건강기능식품을 권하는 광고와 마케팅
이 넘쳐나고 있어요. 건강을 호전시키기 위해 먹는 다양한 건강기
능식품, 특별히 나쁠 건 없어 보이는데 왜 끊어야 한다고 주장하
세요?

건강기능식품 의존에서 벗어나기

평균 수명이 늘고 생활수준이 높아지면서 사람들의 건강에 대한 관심 역시 높아지고 있어요. 덕분에 건강기능식품의 시장 규모는 갈수록 커지고 있는데요. 통계에 따르면 2018년 시장규모는 4조 2563억 원에 이른다고 하네요. 홍삼부터 유산균, 비타민, 오메가3, 루테인, 칼슘, 마그네슘 등 그 종류도 참 다양하고요. 우리는 매일 일정량의 과일과 채소를 먹으면 암과 심혈관질환의 위험성을 낮출 수 있다고 알고 있어요. 그렇지만 매번 챙겨 먹기가 쉽지 않아 대신 과일과 채소에 들어 있는 비타민이나 항산화제를 영양제 형태로 만든 건강기능식품을 먹고 있죠. 화학적 구조가 같으니 같은 효과를 나타낼 것이라고 생각하는 것인데, 과연 그럴까요?

건강기능식품이 건강에 도움이 되는지, 어떤 약이 어떤 질병을 예방하거나 치료하는 데 도움이 되는지 과학적인 방법을 통해 의학적으로 확인하려면 실험, 즉 연구를 해야 해요. 예를 들어 비타민C가 감기 예방에 도움이 되는지 의학적으로 증명이 되기 위해서는 먼저 세포, 미생물, 분자 등을 대상으로 실험실 연구를 시행해 감기를 예방하기 위한 면역기능을 높이는지 확인해요. 그다음 쥐와 같은 동물을 대상으로 면역기능이 높아지거나 감기를 예방할 수 있는지 실험을 하죠. 여기에서 가능성이 제기되면 비로소 사람을 대상으로 한 이른 바 '임상시험'을 진행하게 돼요. 임상시험을 할 때는 시간이 지나면 저절로 낫거나 가짜 약을 주어도 심리적 안정을 느껴 증상이 좋아지는 위약 효과 등으로 인한 효과를 배제하기 위해 연구 대상자들을 무작위로 반씩 두 군으로 나누죠. 한 군에게는 비타민C를, 다른 군에게는 모양과 색깔, 크기가 같은 위약을 투여해요. 그리고 1년 후 각 군의 감기 걸린 횟수를 비교해 비타민C를 복용한 군의 감기 횟수가 적었다면 비타민C가 감기 예방에 효과가 있다는 결론을 내릴 수가 있는 것이죠. 하지만 똑같은 주제로 임상시험을 했는데 효과가 없다고 나올 수도 있어요. 그래서 필요한 연구 방법이 메타분석인데요. 이는 같은 주제로 발표된 모든 연구를 통계적으로 종합하는 것이에요.

이 메타분석이라는 연구 방법은 비교적 최근에 와서야 활발히 사용되면서, 약 15~20년 전부터 본격적으로 많은 논문이 나오기 시작했어요. 그러다 2007년 미국의학협회지에 비타민제 및 항산화제가 오히려 사망률을 5% 높인다는 임상시험 47편을 종합한 메타분석 논문이 발표되었는데요. 우리가 그전에 알고 있던 의학 상식과는 정반대의 충격적인 연구결과였죠. 그 뒤로 최근 10여 년 간 각종 비타민뿐만 아니라 정부에서 승인한 오메가3 지방산, 홍삼, 글루코사민, 칼슘제, 비타민D 등 각종 건강기능식품의 기능성이나 효과에 대한 임상시험을 종합한 메타분석 논문이 폭발적으로 나오기 시작했는데요. 그 결과는 효과가 없거나 효과가 있다고 보기에는 연구 대상자 수가 적거나 질적 수준이 낮다는 것이었어요. 어떤 경우 오히려 해로울 가능성(베타카로틴은 흡연자에게 폐암 위험성을 오히려 높임)도 있었고요.

저는 2007년 비타민 및 항산화제가 오히려 사망률을 높인다는 메타분석 논문을 접한 이후 약 10년 동안 각종 비타민제, 오메가3, 홍삼 등 건강기능식품의 효능에 대한 메타분석 논문을 수십 편 발표했는데, 그 결과는 대부분 효과가 없다는 것이었어요. 그렇지만 여전히 정부에서는 건강기능식품 제도를 시행하고 있죠. 이 제도가 필요한지에서부터 시작해 전면적인 재검토가 이루어져야 한다고 생각해요. 더불어 국민들에게 당부하고 싶은 게 있는데요. 최근 10여 년간의 전 세계적인 연구결과 추세는 대부분 건강기능식품의 기능성에 대한

근거가 부족하거나 오히려 건강을 해칠 가능성도 있다는 것
이기 때문에 건강기능식품에 대한 환상을 버리고 시간과 돈
을 낭비하지 말았으면 좋겠어요.

내 생각은?

가정의학과의사
명승권 스토리

Family medicine

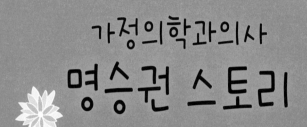

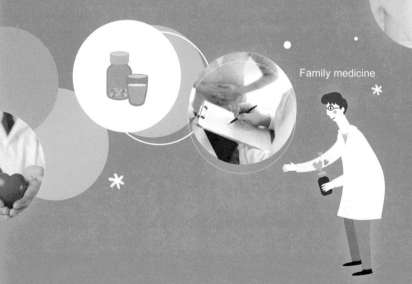

편 어린 시절에 대한 이야기도 궁금해요. 부모님은 어떤 분이셨는지, 어린 시절 환경은 어땠는지 알려주세요.

명 어머니가 전도사셨는데, 그 영향으로 저와 형제들 모두 주말은 교회에서 보냈어요. 경기대 화학과 교수인 큰형님은 현재 장로이고, 둘째 형님은 담임목사를 몇 년 동안 하다가 현재는 태국에서 선교사 활동을 하고 있어요. 소방기술사인 막내는 집사로 저희 형제는 모두 독실한 기독교 신자가 되었

죠. 초등학교 3학년 때부터 성가대를 시작해 고등학생 때까지 활동했고, 기타를 배우고 친교 부장을 하게 되면서는 레크리에이션 사회를 도맡아 했죠. 중학생이 되어서는 친구 및 후배와 함께 중창단을 만들어 교회에서 공연을 하기 시작했고요. 그때부터 사람들 웃기는 걸 좋아하게 되었어요. 개그를 좋아하고 거기에 소질도 있다고 생각해 의대에 다니면서 개그맨에 도전하기도 했죠. 만화 그리는 걸 좋아해서 평소에는 맨날

염산교회 어린이 성가대 당시. 앞줄 맨 우측이 저자

만화를 그렸고요.

편 앞에서 개그맨에 도전했던 이야기를 들려주셨죠. 나중에
방송작가로 일한 경험도 얘기해주셨고요. 왜 그만두셨나요?
명 SBS에서 방송작가 일을 하며 동시에 의대에 다니고 있었
는데요. 두 가지 생활을 병행하는 것이 너무 힘들었어요. 매
일 출근해 개그 대본을 쓰면서 수업도 들어야 하니 성적도 좋
지 않았고요. 거기다 개그작가는 아주 탁월하지 않으면 살아

SBS 구성작가 시절 〈내가 본 세상〉 출연자 및 제작진과 함께

남기가 어렵다는 걸 알게 되었죠. 우선은 의대를 졸업하고 나중에 기회가 생기면 다시 도전해보자는 마음으로 학교로 복귀했어요.

편 요즘에도 만화를 그리세요?

명 한국금연운동협의회에서 한 달에 한 번 발행했던 〈금연과 건강〉이라는 잡지가 있었어요. 2011년부터 2012년까지 제가 이 잡지의 편집위원장을 맡게 되었는데, 금연과 관련된 만화를 실으면 좋겠다는 생각을 하게 되었어요. 그런데 만화가에게 부탁을 하면 비용이 드니까 제가 직접 그리게 되었죠. 처음엔 종이에 그린 걸 스캔한 다음 포토샵으로 수정했는데, 나중엔 중고 태블릿PC를 사서 그걸 이용해 그렸어요. 웹툰 작가 빠세를 개인적으로 알게 되어서 태블릿PC를 이용해 포토샵으로 만화 그리는 법을 배웠거든요. 5분 정도 가르쳐 주고 본인이 스승이라고 우기는데 스승은 스승이죠.^^ 그 당시 약 2년 동안 20회 이상 연재를 했어요. 아주 오랜만에 좋아하던 만화를 다시 그리니 참 좋더라고요.

편 아까 기타도 배웠다고 하셨는데요. 정말 다방면에 재능이 많으시네요.

명 초등학교 5학년 무렵 형님 두 분으로부터 기타를 배우기 시작해 대학 때는 민중가요 동아리에서 활동하며 기타를 담당하기도 했죠. 기타도 즐기지만 음악 자체를 좋아해서 작사 작곡을 하기도 했어요. 대학 1학년 때 소개팅에서 만난 여학생이 맘에 들어 집에 돌아와 그녀를 위한 곡을 만든 적도 있죠. 다음 날 깨어나서 보니 상당히 쑥스러웠지만 그 뒤로 몇 년 동안 술자리에서 종종 불렀어요. 나름 흥얼거리기 좋은 멜로디였는지 나중에는 후배들까지 그 노래를 따라 불렀죠.

편 추천해주고 싶은 책이나 영화가 있다면요?

명 추천해주고 싶은 책이 많이 있는데요. 그중에서 몇 년 전 베스트셀러였으며 상당히 재미있게 읽은 책 한 권을 소개할까 해요. 『지적 대화를 위한 넓고 얕은 지식』이란 책인데요. 매우 독특하면서도 재미있는 좋은 책이죠. 이 책은 철학과 역사, 경제, 정치, 사회, 미술, 윤리 등 대부분의 인문학적 지식들을 포괄적으로 다루고 있어요. 어떻게 보면 재수학원에서 정리해주는 요약본 같기도 해요. 그런 점을 비판하는 사람도 있겠지만 저는 그런 책도 꼭 필요하다고 봐요. 예를 들어 우리가 철학에 대해 알고 싶다고 해서 여러 철학서들을 찾아 읽기는 어렵잖아요. 내용도 어렵지만 방대한 내용을 모두 보려면 시간도 상당히 걸릴 거고요. 그럴 때 기본적인 개념이나 상황을 요약해놓은 것을 먼저 본다면 이해하기도 쉽고, 더 깊은 관심을 불러일으키는 데 도움이 될 수 있기 때문에 실용적인 관점에서 본다면 꽤 유용하다고 생각해요.

영화 역시 추천해주고 싶은 작품이 많은데요. 그런 영화들을 보면 상당수가 시간 여행을 다룬 작품이에요. 제가 만약 영화를 만든다면 분명 시간 여행을 통해 제 철학을 전하는 작품이 될 거예요. 타임루프, 타임슬립, 타임워프 등 시간을 소재로 한 많은 영화들 중 가장 좋아하는 작품은 〈백 투 더 퓨처〉예요. 영화에서 주인공 마티는 타임머신을 타고 30년 전으로 돌아가게 되는데, 과거에서 일으킨 사소한 변화가 미래를 바꾼다는 설정이 흥미로웠어요. 지금이야 시간 역설을 다룬 영화가 많지만 이 작품이 나왔던 게 1985년이니 당시로선 굉장히 신선한 작품이었죠. 영화 속 미래 장면에서 자동차가 하늘을 날아다니는데, 그 미래가 2015년이었어요. 지금은 2019년이지만 자동차가 하늘을 날아다니지는 않으니 다소 앞서간 셈이죠. 〈프리퀀시〉란 영화도 정말 재미있게 봤던 작품이에요. 아버지와 아들이 30년이란 시간을 뛰어넘어 무선통신을 하며 살인사건을 해결한다는 내용인데, SF와 범죄 장르를 결합해 전에 없던 영화적 상상력을 경험할 수 있었죠.

편 자녀가 있으시잖아요. 아이들이 의사가 되고 싶다고 한다면 어떠실 것 같아요?

명 저는 아이들이 의사가 됐으면 좋겠다고 생각해 왔어요. 의사가 되어 일하면서 큰 만족감을 느끼고 있는 데다 보람도 있는 직업이니까요. 그런 마음인데 아이들이 하고 싶어 하고 능력도 된다면 더할 나위 없겠죠. 아들이 둘 있는데 첫째 지성이는 2020년에 고등학교 3학년이 되고, 막내 지오는 초등학교 6학년이 돼요. 큰 아이는 저처럼 의사가 되고 싶어 해요. 그러려면 성적이 좋아야 하는데 모의고사는 그런대로 잘 보는 편이지만, 중간고사와 기말고사는 상대적으로 그렇지 못한가 봐요. 그래서 본인이 희망하는 의대에 가려면 수능을 잘 봐야 한다는 부담감이 있긴 하죠. 막내 아이는 의사가 될 생각이 없대요. 꿈이 래퍼거든요. 몇 개월 동안 유튜브 등을 통해 독학을 해서 랩을 배웠는데, 제가 보기에는 수준급이더

가족과 함께

군요. 요즘 집에 들어가서 보면 늘 비트박스를 하며 연습하고
있더라고요.

편 앞으로의 목표는 무엇인가요?

명 제가 사람들에게 비타민이나 건강기능식품, 주스를 먹지
말라고 늘 얘기하는데요. 몇 년 전에 모 업체로부터 야채주스
광고 모델 제의를 받은 적이 있어요. 과일은 씹어 먹을 경우
당뇨병 발생을 줄일 수 있지만, 주스의 형태로 마시게 되면

당뇨병 발생의 위험성이 오히려 높아진다는 대규모 관찰연구 코호트연구가 이미 발표되었죠. 그런 이유 등으로 주스를 먹지 말라고 말해왔기에 모델 제의는 당연히 거절했어요. TV 홈쇼핑에서 건강기능식품을 소개하고 판매해보자는 업체의 전화를 받은 적도 있어요. 건강기능식품 또한 먹을 필요가 없다고 말해왔기 때문에 이 제안 역시 거절했죠. 우리는 음식을 통해 충분한 영양소를 섭취할 수 있으며, 비타민제나 홍삼, 유산균, 오메가3 지방산, 칼슘, 백수오 등 현존하는 대부분의 건강기능식품은 그 기능에 대한 임상적 근거가 없거나 불충분해 오히려 해가 될 수도 있어요. 그런 이유로 10여 년 전부터 건강기능식품을 비판해오고 있는 것이죠. 더불어 허술한 건강기능식품 제도 자체를 폐지해야 한다는 게 제 생각이에요. 건강기능식품 역시 의약품과 마찬가지로 엄격하게 그 기능성과 안전성을 평가해야 하죠. 누가 뭐라고 하던 흔들리지 않고 소신대로 행동하며 계속해서 국민들에게 올바른 의학 상식을 전해주는 것이 제 할 일이라고 생각해요. 저는 우리 국민들이 올바른 건강 상식을 통해 필요 없는 곳에 돈과 시간을 낭비하지 않았으면 해요. 올바른 생활습관을 통해 건강을 유지했으면 좋겠고요. 그런 세상을 만드는데 일조하는 것이 저의 가장 큰 목표예요.

더 큰 꿈 혹은 제 마지막 목표는 바로 한국인 최초의 노벨 생리의학상을 수상하는 것이에요. 아쉽게도 제가 전문으로 연구하고 있는 분야와 연구 방법론은 노벨상과는 다소 거리가 있어 허황돼 보이긴 하지만요. 그렇지만, 제가 이루지 못하더라도 다른 동료 연구자나 혹은 바로 다음 세대 누군가는 의학사에 남을 중요한 발견을 하거나 뛰어난 업적을 이뤄 우리나라 최초로 이 상을 받았으면 좋겠어요.

편 마지막으로 가정의학과의사를 꿈꾸는 청소년들에게 하고 싶은 말이 있나요?

명 다섯 가지로 요약해 얘기하고 싶어요. 첫 번째는 미래의 꿈과 희망은 빨리 꿀 수록 좋다는 것이에요. 앞으로 어떤 사람이 되고 싶은지, 어떤 일을 하며 살아가고 싶은지 청소년 시기부터 고민해야 해요. 충분히 고민하지 않은 꿈은 후회나 미련으로 이어지기 쉽거든요. 두 번째는 실패에 실망하지 말고 성공에 자만하지 말라는 것이에요. 대부분의 사람들이 성공하기도 하고 실패하기도 하는데, 여러 번 실패한다는 것은 바꿔 말해 기회 또한 여러 번이라는 뜻이죠. 다음이 있다는 사실을 기억하고 좀 더 긍정적인 마음가짐을 가졌으면 좋겠어요. 반대로 한 번의 성공에 너무 들뜨지 말고 담담함을 유지하는 것도 필요하겠죠. 인생만사 새옹지마라는 격언도 있잖아요. 저는 그 말을 믿어요. 좋은 일이건 나쁜 일이건 너무 극단에서 바라보지 말고, 안 좋은 상황에서도 의미를 찾아내는 눈을 길렀으면 해요. 세 번째는 어떤 가치를 가진 사람이 될 것인지 고민해야 한다는 것이에요. 내 가치는 어떻게 증명될까요? 돈이 많고 명예로운 직위에 오르면 가치 있는 사람일까요? 나 자신이 만족할만한 성과를 이루는 것에서 욕구가 충족될 수도 있겠지만, 더 나아가 내가 하는 일이 사람들에게 직접적인 도움이 되거나, 나로 인해 그들이 올바른 방향으로 나아간다면 그것이 바로 가치 있는 인생이 아닐까 싶어요. 나 혼자만의 성공이 아니라 도움을 필요로 하는 사람에게 손을 내밀어 주는 이타적 행동을 통해 함께 잘 사는 삶을 만들어보는 건 어떤지 생각해봤으면 해요. 네 번째는 적극적인 자세로 살자는 것이에요. 우리 인생은 누가 이끌어주지 않죠. 오직 자신이 이끄는 대로 흘러가요. 누군가의 영향 아래 있다 하더라도 그 그늘에 그대로 있을지, 박차고 나올지는 나 자신의 선택에 달려있으니까요. 삶의 주체가 되어 지표를 그리고 그 방향을 향해 적극적으로 나아가세요. 카르페 디엠이란 말, 많이 들어보셨죠? 마지막은 바로 카르페 디엠, 현재 이 순간에 충실하자, 현재를 즐기자는 것이에요. 불확실한 미래의 행복을 위해 현재의 행복을 포기하지 말았으면 좋겠어요. 우리가 지금 서 있는 이 시간은 무엇보다도 확실하며 중요한 순간이기에 현재의 삶을 충실하게 즐기면서 더욱 풍성한 미래를 만들어 나가도록 노력했으면 해요.

청소년들의 진로와 직업 탐색을 위한
잡프러포즈 시리즈 30

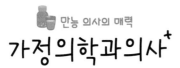

만능 의사의 매력

가정의학과의사⁺

2020년 2월 10일 ㅣ 초판1쇄
2024년 2월 19일 ㅣ 초판4쇄

지은이 ㅣ 명승권
펴낸이 ㅣ 유윤선
펴낸곳 ㅣ 토크쇼

편집인 ㅣ 박가영
디자인 ㅣ 김경희
마케팅 ㅣ 김민영

출판등록 2016년 7월 21일 제2019-000113호
주소 ㅣ 서울시 마포구 월드컵북로98, 2층 202호
전화 ㅣ 070-4200-0327
팩스 ㅣ 070-7966-9327
전자우편 ㅣ myys327@gmail.com
ISBN ㅣ 979-11-88091-71-3 (43190)
정가 ㅣ 15,000원